U0625748

国家社科基金项目:

新型城镇化背景下中国农村体育发展路径研究(项目批准号:13BTY048)

新型城镇化背景下
中国农村体育发展路径研究

夏成前 著

九州出版社
JIUZHOUPRESS

图书在版编目（CIP）数据

新型城镇化背景下中国农村体育发展路径研究 / 夏成前著 . -- 北京：九州出版社 , 2020.11

ISBN 978-7-5108-9796-2

Ⅰ . ①新… Ⅱ . ①夏… Ⅲ . ①农村—体育事业—研究—中国 Ⅳ . ① G812.42

中国版本图书馆 CIP 数据核字（2020）第 221689 号

新型城镇化背景下中国农村体育发展路径研究

作　　者	夏成前　著
出版发行	九州出版社
地　　址	北京市西城区阜外大街甲 35 号（100037）
发行电话	（010）68992190/3/5/6
网　　址	www.jiuzhoupress.com
电子信箱	jiuzhou@jiuzhoupress.com
印　　刷	三河市铭浩彩色印装有限公司
开　　本	787 毫米 × 1092 毫米　16 开
印　　张	12.25
字　　数	220 千字
版　　次	2021 年 8 月第 1 版
印　　次	2021 年 8 月第 1 次印刷
书　　号	ISBN 978-7-5108-9796-2
定　　价	60.00 元

★ 版权所有　侵权必究 ★

前　言

　　城镇化是伴随工业化发展,非农产业在城镇集聚、农村人口向城镇集中的自然历史过程,是人类社会发展的客观趋势,是国家现代化的重要标志。按照建设中国特色社会主义五位一体总体布局,顺应发展规律,因势利导,趋利避害,积极稳妥扎实有序推进城镇化,对全面建成小康社会、加快社会主义现代化建设进程、实现中华民族伟大复兴的中国梦,具有重大现实意义和深远历史意义。

　　2012 年,党的十八大在北京胜利召开。党的十八大明确提出"促进新型城镇化、工业化、信息化、农业现代化同步发展""城镇化质量明显提高"等新的目标和要求。随后的中央经济工作会议首次提出"新型城镇化是我国现代化建设的历史任务",并将新型城镇化列入新一轮经济工作的主要任务。新型城镇化建设,成为当前和今后一段时间我国现代化建设的一个重要内容。

　　根据中国共产党第十八次全国代表大会报告、《中共中央关于全面深化改革若干重大问题的决定》,中共中央国务院召开了国家新型城镇化工作会议并颁布了《国家新型城镇化规划》,按照走中国特色新型城镇化道路、全面提高城镇化质量的新要求,明确未来城镇化的发展路径、主要目标和战略任务,统筹相关领域制度和政策创新,是指导全国城镇化健康发展的宏观性、战略性、基础性规划。

　　在党和政府紧锣密鼓推进新型城镇化的同时,反映农村居民精神面貌和文化生活状态的农村体育处于何种样态、在新型城镇化进程中发挥何种作用、如何发挥作用? 在新型城镇化建设背景下,作为村镇社会生活重要组成部分的农村体育有何担当、又该如何发展,成为需要面对的重要问题。唯有明确现状,才能有的放矢,找寻新型城镇化背景下农村体育发展方略,而基于现状提出的发展策略对于促进"人的城镇化",丰富村镇文化生活,提升居民幸福感,实现农村体育现代化与新型城镇化同步发展,具有重要现实价值。

　　本研究以新型城镇化为切入点,深入调研并分析新型城镇化背景下村镇居民体育公共需求,试图发现满足居民体育文化生活需求的前提下促进村镇文化大发展大繁荣的体育发展路径。并借助新型城镇化建设进程,推动农村体育与新型城镇化建设同步发展,完善农村体育设施、健全农村公共体育服务、丰富农村体育文化,并逐步推动农村体育现代化。在此基础上探寻新型城镇化背景下中国特色农村体育发展的多元化模式和路径,让广大农村居民公平共享健康丰富的精神文化生活,实现"生活富裕、身体健康、精神愉快"的新型城镇化建设目标。

目　录

第一章　绪　论

一、研究现状述评、选题的价值和意义

（一）国内外研究现状述评

党的十八大明确提出"促进新型城镇化、工业化、信息化、农业现代化同步发展""城镇化质量明显提高"等新的目标和要求。随后的中央经济工作会议首次提出"新型城镇化是我国现代化建设的历史任务"，并将新型城镇化列入新一轮经济工作的主要任务。新型城镇化建设，成为当前和今后一段时期我国现代化建设的一个重要内容。

在社会学语境中，"三农"问题根源于现代化进程的选择倾向。从西方工业革命开始，西方社会开启了现代化的征程。然而细数西方的现代化，一个鲜明特征即依靠农业的原始积累支撑启动的，随后开启"羊吃人"的圈地和被迫城市化驱动西方社会的工业化积累，而工业文明进程到一定程度后，工业反哺农业，推进农业现代化进程，进而带动农村的发展，最终实现西方图景中的城乡一体化。事实上，这样的发展思路被西方经济社会发展所广为宣扬，成为带有普世性的"刘易斯原理"。按照刘易斯的观念，工业化和现代化的进程，首先就需经历农业、农村、农民的剥夺历程，并依靠大量农村人口的外溢效应推动城市工业文明的进程，而能否实现大量农村人口的外溢效应自然也就成了关系现代化的关键因素。当然，这种理念的后果，自然带来城乡二元结构的形成，使"大的生产中心的形成，而农村反而相对孤立化"[1]，城乡之间呈现剪刀差式发展格局；并成为"正经历着迅速的社会和经济变革的国家所具有的一个极为突出的政治特点"[2]。从这个意义上看，我国城乡二元结构带有某种现代化进程的历

---

[1] ［德］马克思 . 恩格斯 . 马克思恩格斯全集（25卷）[M]. 中共中央马克思恩格斯列宁斯大林著作编译局 . 北京：人民出版社，1974：733.

[2] ［美］塞缪尔·P.亨廷顿 . 变化社会的政治秩序[M]. 张岱云译 . 上海：上海三联书店，1989：66.

史必然性。我们在特定社会历史背景下,选择以计划手段为主体的社会运行方式,"在计划经济体制下,农民被斯大林定义为要给国家作特殊纳贡的对象,是为工业化作原始积累的"①。事实上,为了集中优势资源办大事,国家采取二元化的制度设置,以工业化(特别是重工业)为主要突破口建设国家现代化,在社会组织上形成以单位制为主的管理体制。1958年,《中国人民共和国户口登记条例》的出台,标志着城乡分割的二元户籍制度确立,与此相对应的是,资源机会配置向城市倾斜,城乡二元结构形成。也即,我国城乡二元结构是"建立在城乡分治的行政建制基础上的",是在"工业和城市优先发展战略"下,"由一系列强制性政策体系固化,人为造成的"②。由此可以看出,我国城乡二元结构的产生,根源上涉及我国计划体制和国家战略选择,在国家选择优先发展工业的战略洪流中,农村发挥了基础性支撑角色,结果使我国城乡结构进一步分化,二元体系形成。这种二元体系,波及了我国户籍、就业等社会建设的方方面面,当然其中也包括体育。

随着我国经济社会的发展,特别是改革开放以后,我国经济社会面貌发生了根本性变化,人民生活水平不断提升。与此相对应的是我国城市化水平不断提高,从 1949 年的 10.8% 到 2014 年的 54.77%。而经济社会发展及其连带的城市化率的提升,背后实质上暗含一个逻辑,即我国如何来实现城市化,或者说应该从何处切入、哪方面内容是重点。2005 年 10 月,中国共产党十六届五中全会提出建设"社会主义新农村"议题,无疑为我国农村发展找到了新的突破口。按照全会精神要求,社会主义新农村建设以经济繁荣、设施完善、环境优美、文明和谐为目标,以经济、政治、文化和社会等方面的建设为重点,着力解决农村发展问题。顺应之,有关社会主义新农村的研究不断涌现,如曾业松(2006)③对社会主义新农村建设必要性的系统分析,胡建渊等(2007)④关于社会主义新农村发展路径研究,等等。与此同时,我国体育领域也摆脱了关于我国群众体育发展切入点的农村或城镇、乡镇或村落之争,转而聚集社会主义新农村体育研

---

① 陆学艺."三农"新论:当前中国农业、农村、农民问题研究[M].北京:社会科学文献出版社,2005:71.

② 王国敏.城乡统筹:从二元结构向一元结构的转换[J].西南民族大学学报(人文社科版),2004,25(9):54-58.

③ 曾业松.推进社会主义新农村建设的必要性[J].中国党政干部论坛,2006,4:33-35.

④ 胡建渊,赵春玲.政府主导型的社会主义新农村建设路径探析[J].社会主义研究,2007,4:74-76.

究,相关研究成果不断出现,如胡庆山、王健(2006)^①关于新农村建设中发展"新农村体育"的必要性、制约因素及相关对策研究,等等。理论上看,农村体育发展,从主体角度看,大概可以分为内驱型、外驱型和综合型三种。然如何切实推进农民的体育素养、提升农民的身体健康水平,营造健康和谐的农村文化氛围,不仅是我国建设体育强国实践中必须面对的重要问题,更是需要进行理论反思的内容。农村体育建设和农村建设(乃至"三农"问题)一样,是一个庞大的系统工程,社会主义新农村建设切入点是农村发展问题,其本源意义上强调了农村的自组织发展议题,将内嵌于全局经济社会发展中的农村作为突破点进行勾画,以解决切入点问题。然学理上,农村以及其连带的农村体育,在我国经济社会发展初始阶段,一旦"回流效应"无法大于"扩散效应",则系统自身平衡协调机理被打破,而且不平衡是依靠系统自身力量难以协同的,就需外在干预。从这个意义上看,党的十八大提出的新型城镇化战略无疑是将农村问题放到一个新的起点上。

事实上,关于城镇化的议题,涉及城镇化的内涵及其规划和建设等基本问题。城镇化可以分为主动城镇化与被动城镇化;从样式上看,可以是圈地式的城市扩张,也可以是内源式的自主就地城镇化。而近年相关认识已然清晰,生产方式和生活方式城镇化而非人口城镇化或土地城镇化作为新型城镇化的核心任务,而"就地城镇化"被认为是"一种符合中国国情的城镇化模式,它有助于弥合城乡之间、城市之间以及城市内部发展的不均衡"^②,其意义在于"有利于解决中国城镇化面临的一系列问题,包括降低城镇化的制度障碍、促进城镇化的合理布局与保障中国农业、乡村的可持续发展"^③;同时,就地城镇化被看作是体现以人为本理念、贯彻落实科学发展观的有效举措。总之,就地就近城镇化,成为我国城镇化的未来发展方向。

而明晰了我国新型城镇化建设以就地就近城镇化为核心的要旨以后,接下来面临的问题就是农村乡镇地区又该如何发展。现实中,相关研究并不多见,特别是相关实地调研成果更少,可见的有吴春飞等

---

① 胡庆山,王健.新农村建设中发展"新农村体育"的必要性、制约因素及对策[J].体育科学, 2006, 26 (10): 21-26.

② 胡宝荣,李强.城乡结合部与就地城镇化:推进模式和治理机制——基于北京高碑店村的分析[J].人文杂志,2014,10:105-114.

③ 李强,陈振华,张莹.就近城镇化与就地城镇化[J].广东社会科学, 2015,1: 186-199.

（2014）① 关于福建晋江市、石狮市的研究，山东社会科学院省情研究中心课题组（2014）② 关于山东省的研究。而体育相关研究更是极少，与此相关的研究更多是停留在新型城镇化进程中农村体育发展的理论构建阶段，大多是从城乡一体化视角去研探如何实现城乡体育的均衡发展，并以此为基点研探旨在推进农村体育发展的策略。事实上，这种研究往往陷入静态研究困境，更多是描述"农村体育如何落后"，又应"如何以城市体育为标杆"，"借助政策支撑实现城市体育反哺农村，实现城乡体育均衡发展"，等等，而忽略农村体育向城市体育乃至城乡一体化演进所必须面对的缓冲期及该过程的阶段特征，无疑限制相关研究成果的现实价值和应用意义。事实上，农村体育的研究必须深入农村和农民之中，挖掘农村体育运行实践状况，探寻伴随社会主义新农村发展和新型城镇化建设的农村体育真实状况及其发展流变特征，找出内在发展机理，才能架构其合适的推进策略与发展模式。如此看来，在国家政策引领下顺应新型城镇化，特别是就地就近城镇化发展脉搏，研究如何推进农村体育快速健康发展，理应成为体育学者和体育行政部门关注的重点内容。

对于城镇化背景下的农村体育发展研究，国内学者多从社会主义新农村建设的视角探讨农村体育的发展问题，国外则散见于对农村教育与文化发展的描述中。而对于新型城镇化背景下的中国农村体育发展路径，目前还没有发现系统的研究。新型城镇化是 2012 年中央经济工作会议提出的一个全新概念，它与以往城镇化进程的主要区别在于把生态文明建设放在突出地位。党的十八大报告强调"要把生态文明建设融入经济建设、政治建设、文化建设、社会建设各方面和全过程，努力建设美丽中国。"其后中央经济工作会议确定"要把生态文明理念和原则全面融入城镇化全过程，走集约、智能、绿色、低碳的新型城镇化道路"。当前关于新型城镇化的研究已经逐步启动。李克强同志（2012）撰文指出，新型城镇化是我国下一阶段现代化建设的历史任务，协调推进城镇化是实现现代化的重大战略选择③，仇保兴等（2013）认为，新型城镇化是中国未来发展的战略支点④。关于新型城镇化与人的发展的关系，迟福林等（2012）认

---

① 吴春飞，罗小龙，田冬，等. 就地城镇化地区的城中村研究——基于福建晋江市、石狮市 8 个典型城中村的实证分析 [J]. 城市发展研究，2014，21（6）：86-91.
② 山东社会科学院省情研究中心课题组. 就地城镇化的特色实践与深化路径研究——以山东省为例 [J]. 东岳论坛，2014，35（8）：130-135.
③ 李克强. 协调推进城镇化是实现现代化的重大战略选择 [J]. 行政管理改革，2012，（11）.
④ 仇保兴. 新型城镇化：从概念到行动 [J]. 行政管理改革，2012，（11）.

为,新型城镇化的核心是人的城镇化,辜胜阻(2013)进一步指出,新型城镇化的难点是人的城镇化。21 世纪初,部分体育学领域的学者借鉴社会学的方法,对小城镇的体育问题进行了探讨。吕树庭、裴立新(2005)提出把小城镇作为中国农村体育发展的战略重点,田雨普(2009)则认为农村体育发展的着眼点是村落并提出了城乡体育统筹发展的战略,刘志民、虞重干等人(2005)剖析了小城镇体育与经济、社会的关系,提出要走中国式农村体育社会化之路。

新型城镇化与以往城镇化进程的主要区别在于把生态文明建设放在突出地位。"要把生态文明理念和原则全面融入城镇化全过程,走集约、智能、绿色、低碳的新型城镇化道路。"新型城镇化是中国未来发展的战略支点,它的核心是以人为本,提高城镇人口素质和居民生活质量。新型城镇化背景下的农村体育,将成为提高城镇人口素质和居民生活质量的重要手段。对于城镇化背景下的农村体育发展研究,学者们多从农村体育场地设施资源配置、民俗体育文化建设以及公共体育服务等视角探讨农村体育的发展问题,或者散见于对乡村教育与文化发展的描述中。研究笔触追求宏大而全面,缺乏分类指导的意义与可操作性。而对于新型城镇化背景下的中国农村体育发展路径以及村镇居民的体育消费观念及行为,目前还缺乏相对微观的研究。

在中国学术期刊网以"新型城镇化"并包含"体育"作为主题进行检索,发现研究文献 88 篇(截至 2015 年 9 月),其中涉及农村体育内容的 72 篇,剔除其中重复出现的文献 16 篇,实际研究新型城镇化背景下体育主题的文献 56 篇。按照时间来看,其中 2012 年 2 篇,2013 年 12 篇,2014 年 39 篇,说明自 2012 年以来,特别是党的十八大之后,新型城镇化逐渐成为学术界研究的热点。按照内容来看,其中,研究新型城镇化背景下农村体育发展策略的文献 15 篇,研究新型城镇化背景下民俗体育发展以及体育文化建设的文献 11 篇,研究新型城镇化背景下体育设施及资源配置的文献 8 篇,研究新型城镇化背景下公共体育服务体系建设的文献 9 篇,研究新型城镇化背景下农民体育权利与体育生活方式的文献 7 篇,研究新型城镇化背景下体育消费及体育产业发展的文献 4 篇。下面对当前新型城镇化背景下涉及农村体育不同主题的研究文献作一简要梳理。

1. 关于新型城镇化背景下农村体育发展策略的研究

从现有的文献资料来看,关于新型城镇化背景下农村体育发展战略的研究文献数量最多,这类文献大多以宏观叙事的笔触探讨某一地区农村体育发展策略,研究结果追求全面兼顾但不够深入。如《新型城镇化进程中城郊村体育发展理路探研》《中原经济区新型城镇化群众体育发展策略研究》《新型城镇化背景下农村体育发展路径与模型构建》《新型城镇化视角下山西"一核一圈三群"城镇带体育发展研究》《新型城镇化背景下的农村体育发展问题研究》等。

徐立武(2013)《新型城镇化背景下的农村体育发展问题研究》通过对农村体育现状分析认为,新型城镇化进程中农村体育发展存在诸多制约因素,如区域经济发展不平衡、农村体育资源缺乏、农村体育组织不健全、农村体育主体力量削弱和农民体育锻炼意识淡薄等[①]。文章提出以新型城镇化建设为依托,落实城乡体育设施和公共服务均等化、提高农民体育锻炼意识、加强农村基层体育组织建设等对策建议,论述较为全面,但具体措施有待于进一步探讨。

韩秋红(2015)以SWOT-PEST模型为依据分析指出,在新型城镇化背景下,只有走"统筹城乡社会体育组织机构、统筹城乡公共体育服务体系、统筹城乡体育资源优化配置和统筹城乡体育产业发展"之路[②],才能促进农村体育健康、协调、可持续发展。

在对新型城镇化背景下农村体育发展战略进行宏观研究的同时也有少量个案分析与比较,如潘磊(2014)以湖北官桥八组和上海张江镇为例,通过对比研究发现中东部地区农村体育变迁的方式存在较大不同。两地农村体育变迁方式都经历了从诱致性变迁过渡到政府强制性变迁的历史阶段,但官桥八组的农村体育变迁是渐进的,在不同的时期有着不同的推动力量,张江镇的体育变迁是快速的,其主要方式是政府强制性变迁[③]。官桥八组农村体育变迁的路径依赖于组办企业的快速崛起和新型城镇化的推进,而张江镇农村体育变迁的路径依赖于城镇化的快速推进和政府的积极主动组织管理。可见新型城镇化的推进在两地农村体育变迁道路上都发挥了重要作用。文章据此指出农村体育变迁受到城镇化水平、阶段、模式和政府权力部门的影响,并从加快城镇化进程、政府发挥合理有效作用、典型示范等方面提出城镇化进程中我国农村体育发展战略。

当前新型城镇化背景下农村体育发展战略研究,其实是建立在小城镇体育发展战略的研究基础之上的,而后者一直是体育社会学领域的关

① 徐立武.新型城镇化背景下的农村体育发展问题研究[J].农业经济,2013,(10):29-30.

② 韩秋红.新型城镇化背景下农村体育发展路径与模型构建[J].湖州师范学院学报,2015,37(1):7-14.

③ 潘磊.城镇化进程中我国中东部地区农村体育变迁的方式与路径比较——以湖北官桥八组和上海张江镇为例[J].体育学刊,2014,21(5):48-52.

注点。21世纪初,部分体育学领域的学者借鉴社会学的方法,对小城镇的体育问题进行了探讨。吕树庭、裴立新(2005)提出把小城镇作为中国农村体育发展的战略重点[①],田雨普、王欢(2009)则认为农村体育发展的着眼点是村落并提出了城乡体育统筹发展的战略[②]。白晋湘(2004)探析了村寨民族传统体育文化传承保护并走向现代化的路径[③],刘志民、虞重干等人(2005)剖析了小城镇体育与经济、社会的关系,提出要走中国式农村体育社会化之路[④]。张铁明、谭延敏(2008)对小城镇不同社会阶层居民体育行为特征及影响途径进行了分析[⑤],罗湘林(2012)则提出了农村体育与中心村或乡镇体育互利共生等发展模式[⑥]。这些研究探讨区域经济发展以及城镇化、工业化进程对农村体育场地设施、村寨体育活动的影响,提出以小城镇或中心村为重点推动农村体育的发展。而对于新型城镇化背景下中国农村体育如何与城镇化进程同步发展并逐步实现农村体育现代化等问题,则有待于进一步的探讨。

2. 关于新型城镇化背景下民俗体育及体育文化建设的研究

截至2015年9月,检索到研究新型城镇化背景下民俗体育发展以及体育文化建设的文献10篇。包括《新型城镇化发展对武陵山片区民俗体育文化影响研究》《新型城镇化体育文化建设的目标与发展研究》《新型城镇化过程中体育文化建设的思考》《新型城镇化建设中的广场体育文化发展研究》《新型城镇化进程中社区体育的文化价值取向》《城镇化进程对少数民族传统体育文化的影响及对策》等。

陈远航(2015)研究了新型城镇化发展对武陵山片区民俗体育文化的影响,认为城镇化使各民族间的地域界限趋向模糊,导致少数民族传统村落逐渐消失,村落传统的体育文化失去了其原有的生存土壤[⑦]。并且新型城镇化的发展导致少数民族青年大量外流,使村落文化传承后继无人。

---

① 吕树庭,裴立新,等. 以小城镇为重点的中国农村体育发展研究[J]. 体育学刊, 2005, 12(3): 1-4.
② 田雨普,王欢,等. 和谐社会构建中城乡群众体育统筹发展的战略思考[J]. 中国体育科技, 2009, 45(6): 91-96.
③ 白晋湘. 民族传统体育文化学[M]. 北京: 民族出版社, 2004.
④ 刘志民,虞重干. 小城镇体育,大社会问题[M]. 北京: 人民体育出版社, 2005.
⑤ 张铁明,谭延敏. 小城镇不同社会阶层居民体育行为特征及影响途径[J]. 成都体育学院学报, 2008, 34(2): 41-45.
⑥ 罗湘林. 农村体育的结构类型与发展模式选择[J]. 北京体育大学学报, 2012, 35(3): 17-20
⑦ 陈远航. 新型城镇化发展对武陵山片区民俗体育文化影响研究[J]. 兰州工业学院学报, 2015, 22(2): 101-103.

因而民俗体育文化受到新型城镇化发展的影响,大部分面临着消失的困境。因此作者提出在发展新型城镇化的同时,也要对少数民族的传统民俗体育文化进行保护。具体措施包括建立文化传承制度、加强对文化传承人的培养,加强村落文化遗产识别,积极建立传统民俗文化遗产的保护体系,此外作者还建议开发各种民俗体育文化旅游产业,以此来传承并保护民俗体育文化。

陈维亮(2012)的《新型城镇化过程中体育文化建设的思考》是较早研究新型城镇化背景下体育文化建设的文献。作者认为,城镇化后的体育文化精神层面主要反映居民的体育观念、精神、道德风尚、知识等方面;体育文化的制度层面主要表现在城镇体育的传统、制度和规范等;城镇体育文化的物质层面则以城镇的体育环境、体育场地、体育器材、体育服装、体育用品等表现出来[①]。体育应该是城镇化和谐发展的重要途径,也是其他社会文化活动形式所不能取代的。作者指出,在促进城镇化的和谐发展中,应充分考虑体育的功能,促进人与人之间的和谐交往,为社会各个阶层提供积极健康的精神文化产品,让城镇成为本地区不同社会阶层和谐共处的经济、人口和公共服务协调发展的区域,让便捷、完善的体育公共设施与服务成为"宜商宜居城镇"的载体和体现。

招惠芬等(2013)从城镇广场文化结构的物质保障、行为特征等不同层次,探讨佛山城镇化建设过程中的广场体育文化发展,引导市民参与健身、休闲的健康生活方式。作者研究认为,城镇化建设发展过程中缺乏体育方面的规划,忽视了体育基础设施建设,未能将体育文化发展与城市文化建设发展全局考虑规划,过多地将有限的资源投入大型体育场馆建设[②]。城镇主管部门以经济建设为中心,对文化发展不够重视,体育广场位置选定与活动项目设施的合理性受到市民质疑,影响了城镇居民的体育文化生活。作者认为,城镇广场体育文化发展有利于形成良好的社会道德规范,促进城市经济发展,展示城市风貌,提升城市品味。因此广场体育文化建设需要科学规划,与城镇文化建设有机结合。

管勇生等(2014)对新型城镇化背景下体育文化建设的目标进行了研究,认为新型城镇化进程中的体育文化属社会文化范畴,其目标是满足民众基本的体育文化需求,使民众基本观念更新,健身意识增强,并提高

---

① 陈维亮. 新型城镇化过程中体育文化建设的思考[J]. 内江科技, 2012, (11): 30.

② 招惠芬, 刘永峰, 林昭绒. 新型城镇化建设中的广场体育文化发展研究[J]. 佛山科学技术学院学报, 2013, 31 (3): 84-88.

民众生活质量①。据此认为应加大对城镇体育发展的重视和扶持力度,加强宣传力度,提高政策关注程度,利用体育的社会功能促进城镇居民的生活方式和体育健身理念的转变,并促使社会团体和企业寻求新的体育文化投资热点,逐步形成由城镇政府宏观调控、规范指导,体育协会俱乐部积极参与并具体实施的城镇体育文化建设新格局。

以上研究者关注到了新型城镇化背景下体育应成为城镇文化建设的重要载体和组成部分,提出加强对民俗体育文化的传承与保护,为城镇各个社会阶层提供积极健康的精神文化产品,也提出了加强城镇体育基础设施建设与科学规划,满足城镇居民体育文化需求。然而,研究者并没有对新型城镇化背景下不同经济发展水平的城镇体育发展加以区分,所提出的城镇体育文化建设目标较为笼统,缺乏分类指导的意义和可操作性。

3. 关于新型城镇化背景下体育设施及资源配置的研究

中国学术期刊全文数据库检索显示,截至 2015 年 9 月,研究新型城镇化背景下体育设施及资源配置的文献有 8 篇。如《新型城镇化战略下生活体育设施建设的思考》《新型城镇化背景下体育用品企业区域网点布局研究》《江西省"新型城镇化"进程中节约型体育资源可持续发展研究》《区域性体育资源优化配置管理与评价体系的构建——以江西鄱阳湖地区新型城镇化建设为例》等。

周婷婷、刁永辉(2013)研究认为,新型城镇化将以提高居民生活质量为目标,通过发展生活体育,在提高居民身体素质的同时提高居民生活满意度②。生活体育设施建设主要以基础设施投入为主,降低居民进行生活体育活动的费用门槛,通过投入居民喜闻乐见的生活体育设施以改变人们对体育活动的态度,鼓励人们参与到日常生活体育活动中来。低费用甚至零费用将成为城镇居民生活体育的重要特色之一。生活体育的主要投资人将主要是政府和城镇社区。作者通过研究提出了新型城镇化战略下生活体育设施建设步骤,根据城镇社区居民的教育、文化、体育需求,将社区生活体育活动用地提前规划出来,鼓励城镇居民参与日常生活体育活动,通过健康的生活方式提高人们对城镇生活的满意程度,进而提高新型城镇居民的生活质量。

赵世伟(2015)以李宁、安踏、特步、匹克等国内四家体育用品上市公

---

① 管勇生,等. 新型城镇化体育文化建设的目标与发展研究[J]. 湖北体育科技, 2014, 33 (5): 377-379.

② 周婷婷,刁永辉. 新型城镇化战略下生活体育设施建设的思考[J]. 广州体育学院学报, 2013, 33 (6): 27-30.

司面板数据为依据,实证分析体育用品企业区域网点布局的影响因素。结果表明,城市化率、第三产业增加值和人均 GDP 对体育用品企业的网点布局产生正向影响。其中,城市化率对企业网点布局的影响程度最为明显[①]。随着国家新型城镇化的深入推进,将给体育用品企业带来新的市场机遇。国内体育用品制造企业应密切关注不同区域的城镇化进程,并制定与之相适应的网点布局策略,才能更好地把握新型城镇化带来的战略机遇。

王勇、王利锋等(2014)针对江西鄱阳湖地区新型城镇化建设中体育资源的开发与利用为核心研究目标,结合本区域的优势对体育资源的布局、管理与评价进行理论分析与实践探索,并针对生态化体育资源优化配置管理与评价体系的构建、管理与评价模型、体育资源管理与评价指标体系等提出了可行的方案和措施[②]。研究者通过现代信息技术结合人工实际合作式管理模式共同发挥作用,推进江西省新型城镇化进程中体育资源规划布局制度建设和保障机制的不断完善[③]。

从上述研究者的观点来看,一方面,研究者认为应加强新型城镇化背景下生活体育设施的建设,构筑城镇居民低费用甚至零费用的体育生活,从而提高新型城镇居民的生活质量;另一方面又有研究者认为新型城镇化将给体育用品市场带来机遇,因而要加强新型城镇化进程中体育资源的优化配置与开发利用。这反映出众多的研究者关于体育设施与资源配置的观点还存在诸多相互矛盾的心态。既寄望政府提供低廉的公共体育服务,又试图抓住新型城镇化给体育产业带来的发展机遇,推动体育资源的优化配置。这就面临一个鱼与熊掌能否兼得的问题:哪些体育资源属于公共产品、由政府提供,哪些体育资源应纳入市场机制,城镇居民必须通过购买的方式获得?目前的研究还缺少细致的分类和研判。关于体育资源优化配置的规划布局也显得过于宏观而缺少实践指导价值。

4.关于新型城镇化背景下农村公共体育服务体系建设的研究

新型城镇化背景下农村体育公共服务体系建设研究相关文献 9 篇。包括《城镇化进程中的全民健身服务体系建设研究》《农村体育基本公共服务供需分析》《迈向体育强国的农村体育公共服务体系建设》《新型城

① 赵世伟.新型城镇化背景下体育用品企业区域网点布局研究[J].广州体育学院学报,2015,35(1):59-62.
② 王勇.区域性体育资源优化配置管理与评价体系的构建[J].中国管理信息化,2014,17(10):92.
③ 王利锋,杨勤.江西省"新型城镇化"进程中节约型体育资源可持续发展研究[J].科技风,2015,(1):249.

镇化发展理念下的佛山体育公共服务体系建设研究》《新型城镇化背景下湖南省公共体育服务体系建设研究》《新型城镇化背景下江苏省公共体育服务现状研究》《新型城镇化建设与土家族农村体育公共服务体系构建研究》《城镇化进程中民族传统体育公共服务体系的构建》。

舒宗礼（2014）研究认为，在构建全民健身服务体系过程中，应明确界定中央和地方各级政府全民健身服务的职责权限，强化政府供给全民健身服务的主体责任[①]。作者同时指出，政府不是万能的，应该立足于科学干预、合理引导，在市场机制充分发挥作用的基础上弥补市场的缺陷与不足。据此作者提出了城镇化进程中构建全民健身服务体系的对策建议，认为体育行政部门要加强引导，积极参与社区建设规划。同时要加强体育行政执法队伍建设，对社区体育设施配套建设进行执法监督，确保全民健身服务体系建设的法制化进程。此外应拓宽融资渠道，推动全民健身服务体系建设主体多元化。以城镇政府投入和上级财政拨款为主，吸引社会力量参与，通过对口支援、联合共建、捐赠、赞助等措施进行体育公共服务建设。形成由政府投一点、单位出一点、居民捐一点、社区创一点的经费保障体系。

姚磊（2015）分析了新型城镇化进程中农村体育基本公共服务供给主体（政府、社会组织、市场等）的变化，认为真正制约社会机制参与农村体育基本公共服务过程的核心难题在于社会组织缺乏必要的财政能力，仅凭城乡各种社会团体、非盈利组织和公民个体，无法提供完善的公共服务[②]。由于农村体育基本公共服务带有较强的"非排他性"和"非竞争性"，是面向全体农民的受益服务，这样私营服务提供者在整个服务过程中，将无利可获。因此政府还是要起着主导作用。但这种主导将是一种渐退式的主导。关于农村体育公共服务的需求主体，姚磊认为目前农村体育基本公共服务的需求方应该是驻村务农人口、离土不离乡农民工、离乡又离土的城镇级农业转移人口。农村体育公共服务可以分为"共需型"和"差异型"。"共需型"体育基本公共服务多数具有纯公共品属性，各级政府应该负全责，规划农村体育基本公共服务供给框架和财政预算，然而现代体育文化的强植入是否符合当前农村社会的实际发展值得商榷，对于乡镇居民较为喜爱的简易的体育文化项目与必需场所建设关注不够。"差异型"的体育基本公共服务，很多具有准市场属性和俱乐部产品性质，虽然

① 舒宗礼. 城镇化进程中的全民健身服务体系建设研究[J]. 中国学校体育, 2014, 1（5）: 13-19.
② 姚磊. 农村体育基本公共服务供需分析[J]. 体育文化导刊, 2015, （3）: 19-22.

看似具有一定的排他性,但是从目前农村社会群体生活环境来说,这些体育基本公共服务也无法完全走向市场化。

胡庆山等(2011)研究认为,由于我国农村经济基础长期薄弱,其自给能力相对自然低下,因此农村公共服务投入的非回报性和弱影响力使社会组织和企业不愿提供无偿的公共服务,导致各级政府部门成为农村公共服务的单一供给主体。政府能力的有限性和公共事务的广泛性使政府既无必要、也无能力来独自承担提供全部的公共服务产品。因此,建立一种由政府主导、社会和公众广泛参与的多元化公共服务供给主体格局,成为新型城镇化进程中体育公共服务建设的必然诉求[①]。相对于农村体育公共服务供给主体单一,农村体育公共服务的内容也相对单一,主要以农村体育基础设施建设为抓手,而对宣传动员、健身指导、体质监测等服务内容重视不够。因此作者认为,解决农民的体育意识和健身意识问题比农村体育基础设施建设还要紧迫和重要。从当前农村体育公共服务供给与需求的表达机制来看,存在供非所求、供求分离现象,采取"自上而下"的政府行为来展开,但这种供给方式并非建立在广大农民的体育需求之上,因此存在供给的盲目性和低效性。再者,乡镇政府承担农村体育发展的财权与事权不统一,处于有事权而无财权的被动境地,这必然影响农村基层体育公共服务建设。鉴于农村体育公共服务投入的非回报性对非政府投资主体的吸引力较小,作者建议可以改变"扶贫式"投入为"引导式"投入,由政府主导并督促,严格执行"谁投资、谁受益"的原则,扩大农村体育公共服务投入的社会效益和影响力,吸引社会力量投资农村体育公共服务活动和建设,推动农村体育公共服务的社会化进程。

王伯超等(2013)分析了佛山市体育公共服务体系建设存在的问题,认为公共体育设施在科学布局、使用效率及管理方面缺少合理规划,社区、学校、企事业单位体育资源缺乏共享机制,缺少体育公共服务绩效评估反馈机制及公共体育需求表达机制等。据此作者提出佛山体育公共服务体系建设的框架构想,包括体育场地设施系统、体育活动系统、体育指导与培训系统、体育信息咨询服务系统、体育组织管理系统、体育资金保障系统、体育绩效评估系统等七个部分[②],并提出以社会体育公共需求为导向,鼓励各种非营利组织和社会公众参与到兴办体育公益事业和提供体育社会服务中来,从而形成以政府为主导、各种社会主体共同参与的供

---

① 胡庆山,等.迈向体育强国的农村体育公共服务体系建设[J].上海体育学院学报,2011,35(5):12-17.

② 王伯超,王伟超.新型城镇化发展理念下的佛山体育公共服务体系建设研究[J].佛山科学技术学院学报,2013,31(4):84-87.

给格局。同时指出应根据社会群体各个阶层的收入水平高、富裕程度,实行体育公共服务供给的"分层供给模式"。

夏贵霞(2013)在分析了湖南省公共体育服务体系建设面临的困难后指出,农村公共体育服务体系建设中存在的职责不到位、引入市场机制供给困难等问题,应强化政府供给公共体育服务的主体责任,确立政府与市场之间主导地位与辅助地位的关系,探索社会力量参与基本公共体育服务体系建设之路。作者提出通过组建农村乡镇公共体育服务中心来提升公共体育服务水平。公共体育服务中心主要职责有管理体育场馆的使用、出租、安全,协调处理场馆维护修缮,采购、使用、管理和调配体育场馆的专业设备,依托场馆广泛开展群众性文体活动,组织实施全区公共体育产品的推广和对外交流合作等[①]。在社区公共体育服务中心业务运营方面,可以通过市场方式引入专业管理公司来对区域内的体育场馆资源实施规范化专业管理,真正实现政事分开、管办分离,推动政府职能的转变。

从当前新型城镇化背景下公共体育服务的研究来看,研究者已经关注到了农村公共体育服务供给主体的变化。由于农村体育服务的公共性和非营利性,政府仍然扮演着农村体育单一供给主体的角色,然而苦于政府财力的有限性以及公共事务的广泛性,导致政府对待体育公共服务缺乏应有的执行力,因此期望建立一种由政府主导、社会和公众广泛参与的多元化公共服务供给格局,成为新型城镇化进程中体育公共服务建设的诉求。由于农村体育服务的低回报性和农村居民体育消费意愿与消费能力的局限,再加上农村社会组织发育滞后,如何实现多元化体育服务供给的格局,成为当前新型城镇化背景下农村体育发展的瓶颈和难点。

5. 关于研究新型城镇化背景下农民体育权利与生活方式的研究

研究新型城镇化背景下农民体育权利与体育生活方式的相关文献7篇,包括《新型城镇化背景下农民工体育权利的法律保障》《城镇化进程中新生代农民工体育话语权的思考》《新型城镇化推进中居民生活方式与心理健康的调查研究》《新型城镇化影响农民体质了吗?——基于农民收入水平的中介效应检验》《新型城镇化进程中培养失地农民体育生活方式研究》等。

程华平(2014)认为,当前农民工群体的体育权利缺位现象严重,存在权利内容空白化、权利实现边缘化等障碍。新型城镇化建设背景下,农

---

① 夏贵霞. 新型城镇化背景下湖南省公共体育服务体系建设研究 [J]. 体育科技, 2013, 34 (6):80-83.

民工体育权利具有平等性需求和多样性需求[1]。新型城镇化的开展,将确保农民工均等地享有发展成果,使符合条件的农民工实现就地城镇化,享有市民身份,和普通居民一样享有体育公共服务。由于农村体育公共产品具有非营利性和非排他性的法律属性,限制了体育公共设施的盈利能力,因而无法激起社会投资的热情。但是十八届三中全会提出了"统筹城乡基础设施建设,允许社会资本通过特许经营等方式参与公共基础设施投资和运营"。因此鼓励返乡农民工群体通过争取特许经营权,将体育权利的实现同体育产业的盈利相结合,在分享发展成果的同时,积极促进城镇体育事业的发展。

王峰等(2014)认为,新型城镇化建设为新生代农民工体育话语权的重塑迎来了契机[2]。作者基于差序格局理论,建议建立外力推动下的他组织形式和新生代农民工自我需求的内力推动下的自组织形式并存的体育社团,以形成对新生代农民工体育权利的保障。

安桂花等(2014)采用《健康促进生活方式量表》和《K10量表》研究了新型城镇化进程中居民生活方式与心理健康的现状和关系,认为随着新型城镇化的推进,城乡居民的心理健康状况都受到一定的冲击,而这种冲击对农村居民的影响大于城镇居民[3]。随着新型城镇化进程中农民向市民的转化,农民进城也存在习俗、就业、购房、生活费用等诸多约束,心理充满各种焦虑和顾虑。而体育锻炼既是身体运动,又是心理活动和社会活动,不仅有利于身体健康,而且对人的心理健康和社会适应能力具有积极的促进作用,是一种有效的心理治疗方法。作者建议城镇居民要注意健康生活方式的培养,加强体育锻炼和运动、保持乐观的心态以增强生活方式与健康心理的互惠影响。

王睿等(2014)通过城镇化率与农民体质关系的回归检验以及中介效应显著性检验认为,城镇化程度与农民体质呈显著正相关关系,且农民收入水平具有显著的部分中介效应。城镇化水平的提高通过正向影响农民收入从而间接正向影响农民体质[4]。作者建议村镇体育设施建设的投入必须以当地农民收入水平作为重要参考依据。应在现实农民收入水平

① 程华平. 新型城镇化背景下农民工体育权利的法律保障 [J]. 体育与科学, 2014, 35 (1): 125-128.
② 王峰, 等. 城镇化进程中新生代农民工体育话语权的思考 [J]. 体育科学研究, 2014, 18 (3): 40-43.
③ 安桂花, 等. 新型城镇化推进中居民生活方式与心理健康的调查研究 [J]. 社会心理科学, 2014, 29 (4): 73-81.
④ 王睿, 等. 新型城镇化影响农民体质了吗? [J]. 体育科学, 2014, 34 (10): 15-20.

的基础上投资配套体育设施,不能盲目投资立项,防止体育设施建设后的闲置浪费。

通过以上研究成果可以看出,当前农民体育权利缺位现象确实存在,而且不只局限于农民工群体。但鼓励农民工群体返乡争取体育特许经营权,将体育权利的实现与体育产业盈利结合,这个观点显然不现实。相比较而言,王睿等研究者建议在农民收入水平基础上投资配套村镇体育设施,以防闲置与浪费现象,这样的研究结论较为中肯合理,而且与农村新型城镇化建设的现实进程相契合。

6. 关于新型城镇化背景下体育消费及体育产业发展模式的研究

截至 2015 年 9 月,检索到研究新型城镇化背景下体育消费及体育产业发展的相关文献 4 篇,包括《新型城镇化背景下新生代农民工体育消费的矛盾生成与安全促进》《新型城镇化进程中我国休闲体育产业发展的瓶颈与政策建议》《新型农村社区体育健身服务的经济学分析》等。

郭玲玲(2013)对新型城镇化背景下新生代农民工的体育消费状况进行了研究,揭示了新生代农民工体育消费面临的诸多矛盾,如制度矛盾、经济矛盾、物质矛盾、技能矛盾[1]并结合新型城镇化发展背景提出了促进新生代农民工体育消费的对策建议,包括赋予新生代农民工体育消费的制度性身份、社会性身份和自我性身份,让农民工消费得有尊严;健全社会服务体系,提高组织化程度,提高新生代农民工体育消费的技能,让农民工有地方和有技术进行体育消费。

喻坚等(2014)分析了新型城镇化进程中休闲体育产业发展的瓶颈,认为中华民族传统的黜奢崇俭精神在很大程度上抑制了人们的休闲体育消费意愿和休闲体育消费行为,导致居民休闲体育消费需求不足[2];此外在新型城镇化建设进程中,休闲体育场地设施的不足也严重制约着我国城乡居民休闲体育消费的需求。新型城镇化建设进程中,城乡居民对住房、教育和医疗的消费,吸附了居民大量资金,在一定程度上,加剧了城乡居民无经济能力进行休闲体育消费。另外在现有的居民休闲体育消费中以购买体育用品等实物性消费为主,导致城镇居民休闲体育消费结构不够合理。作者建议应加快推进城镇化的步伐,加大户籍制度的改革力度;尽快建立休闲体育产业发展的投融资体制;采取非均衡发展战略,推动

---

[1] 郭玲玲. 新型城镇化背景下新生代农民工体育消费的矛盾生成与安全促进[J].
体育成人教育学刊, 2013, 29(2): 13-16.
[2] 喻坚, 等. 新型城镇化进程中我国休闲体育产业发展的瓶颈与政策建议[J]. 改革与战略, 2014, 30(7): 114-117.

我国休闲体育产业的快速发展。

郑丽梅(2014)从经济学角度分析认为,新型城镇化进程中农村社区体育健身发展严重滞后,普遍存在着设施不健全、利用效率不高、无法长期持久利用等问题[①],提出了新型城镇化背景下构建农村社区体育健身机制的路径选择。指出引入竞争机制,坚持多元化的模式推动农村体育发展。政府单一的体育服务供给不能充分满足农村居民的诉求。政府应在充分履行自身供给责任的同时,更应该引导、扶持、监督体育社会组织和志愿者参与农村体育公共服务。分层次、多元化、竞争式的体育公共服务供给模式将成为现阶段我国农村社区体育公共服务的发展方向。只有利用市场竞争激励机制优化公共产品服务,才能有效满足城镇化背景下社会公众的公共需求。

关于体育消费研究,其亮点在于,研究者意识到公众的体育消费意愿与消费行为存在较大偏差。无论是受到中国传统的节俭节欲精神影响,还是受生活水平的制约,当前农村地区体育消费市场并没有形成,即便城市体育消费市场,其实也处于刚刚起步阶段,体育消费人群集中在城市高中端收入群体。农村地区还在期待低消费甚至零消费的公共体育服务。广大村镇居民牢固地认同体育的公共属性和非营利性,而没有把体育作为一种消费品来看待。在这种顽固的观念面前,任何发展农村体育消费和体育产业的策略研究都显得苍白无力。新型城镇化背景下农村体育消费观的转变依然任重而道远。

(二)当前农村体育研究存在的不足

党的十八大之后关于新型城镇化的研究逐渐成为学术界的热点。自2012年之后新型城镇化背景下农村体育研究文献逐年递增,其研究内容涵盖新型城镇化背景下农村体育发展策略的研究、新型城镇化背景下民俗体育及体育文化建设的研究、新型城镇化背景下体育设施及资源配置的研究、新型城镇化背景下公共体育服务体系建设的研究、新型城镇化背景下农民体育权利与体育生活方式的研究、新型城镇化背景下体育消费及体育产业发展的研究。当前新型城镇化背景下农村体育发展研究,延续了以往小城镇体育研究的成果,提出以小城镇或中心村为重点推动农村体育的发展。而对于新型城镇化背景下中国农村体育如何与城镇化进程同步发展并逐步实现农村体育现代化等问题,则有待于进一步的研究。

---

① 郑丽梅. 新型农村社区体育健身服务的经济学分析 [J]. 财会研究,2014,(5): 76-77.

从现有的研究文献看,研究者关注到了新型城镇化背景下体育应成为城镇文化建设的重要载体和组成部分,为城镇各个社会阶层提供积极健康的精神文化产品,也提出了加强城镇体育基础设施建设与科学规划,满足城镇居民体育文化需求。然而,研究者既寄望政府提供低廉的公共体育服务,又试图抓住新型城镇化给体育产业带来的发展机遇,反映出众多的研究者对于公共体育服务建设与体育产业发展还存在诸多相互矛盾的心态。因此期望建立一种由政府主导、社会和公众广泛参与的多元化公共服务供给格局,成为新型城镇化进程中体育公共服务建设的诉求。但如何实现多元化体育服务供给的机制,是当前新型城镇化背景下农村体育发展的瓶颈和难点。另外,当前广大村镇居民牢固地认同体育的公共属性和非营利性,而没有把体育作为一种消费品来看待。因此,如何培育村镇居民的体育消费观念与行为,也是当前新型城镇化背景下农村体育研究亟待解决的问题。总体来看,当前新型城镇化建设背景下农村体育研究仍存在不足之处。

1. 人本化研究的不足

本课题研究过程中发现,农村体育研究要从人本化的视角展开,关注农村居民的健康幸福生活。然而,当前对农村体育的研究还缺乏与农民切身利益相关的、对农村体育健康模式与方式的深刻提炼。

2. 政府职能化的缺失

本课题研究过程中发现,农村体育研究要与政府履行体育人本化功能的实践相结合。然而,当前对政府体育职能的研究还缺乏具有一定层次的量化方式。对基层政府在新型城镇化背景下农村体育发展中的作用仅仅停留在"应该""建议"等层面,而缺乏强有力的可行性策略措施。

3. 社会综合投入阻滞

本课题研究过程中发现,农村体育研究要与社会综合投入相关联。充分挖掘社会资源、促进农村体育快速发展,已成为农村体育改革与发展的内在动力。新型城镇化背景下随着农业转移人口向城镇的集聚,对乡镇社区公共体育设施以及公共体育服务的需求大量增加,从长远来看,农村体育发展蕴藏着巨大的商机。然而,无论是对农村体育投资意识的激发,还是市场与社会投资渠道的拓展,都有待于进一步挖掘。

(三)选题的价值和意义

(1)以新型城镇化为切入点,满足新型城镇化背景下村镇居民体育公共需求,促进村镇文化的大发展大繁荣。

（2）借助新型城镇化建设进程,推动农村体育与新型城镇化建设同步发展,完善农村体育设施、健全农村公共体育服务、丰富农村体育文化,并逐步推动农村体育现代化。

（3）探寻新型城镇化背景下中国特色农村体育发展的多元化模式,让广大农村居民享有健康丰富的精神文化生活,做到"生活富裕、身体健康、精神愉快"。

二、课题研究的基本观点、主要内容、研究思路、研究方法、创新之处

（一）基本观点

（1）新型城镇化背景下中国农村体育发展路径应该体现"集约、智能、绿色、低碳"的生态文明理念。

（2）发展农村体育是新型城镇化进程中提升农村文化,并推动农村"人的城镇化"的重要手段之一。

（3）农村体育应该与新型城镇化建设同步发展,并纳入新型城镇化建设评估体系,逐步实现农村体育现代化。

（4）新型城镇化背景下发展农村体育应该分层次、分地域、分阶段进行,实现农村体育现代化可以采取"三步走"的战略步骤。

（二）主要内容

1. 发展农村体育文化与新型城镇化建设的内在关联

本部分主要解读新型城镇化的内涵及历史背景,并回答为什么要研究新型城镇化背景下中国农村体育发展路径。（1）如何使农村体育发展体现"绿色、低碳",并借助新型城镇的集约功能,把发展农村体育纳入新型城镇化建设的内涵体系。（2）随着新型城镇化的进程,农村体育如何与时俱进,实现农村体育现代化与新型城镇化同步发展。（3）如何将农村体育与现代文化发展相结合,使农村体育成为农村文化建设的有机组成部分。

2. 新型城镇化背景下中国农村体育发展形态、走向与特征

本部分主要从理论及实践层面研究分析新型城镇化背景下中国农村体育的形态特征与发展趋势,了解新型城镇化背景下农村体育需求的变

化与走向。从农村传统文化的考察出发,对农村体育发展的自然环境、人文环境、经济环境、社会政治环境、法制环境进行梳理分析,探讨新型城镇化背景下农村体育文化活动形态与内容,分析社会转型条件下农村体育发展走向与特征,从农村体育需求、活动目的、参与内容、参与人群、指导力量等方面进行比较,剖析新型城镇化背景下中国农村体育发展所面临的机遇和挑战。

3. 新型城镇化背景下中国农村体育发展的现状考察

本部分拟考察当前我国新型城镇化建设的试点省份及农村乡镇,探讨不同地区的新型城镇体育发展的形式与内容。分为东、中、西三块:东部地区新型城镇化背景下农村体育发展现状考察(以江苏为例);中部地区新型城镇化背景下农村体育发展现状考察(以湖北为例);西部地区新型城镇化背景下农村体育发展现状考察(以四川为例)。

4. 新型城镇化背景下中国农村体育发展路径设计

(1)新型城镇化背景下中国农村体育发展指导思想。紧密依靠当地党委、政府,坚持"市场主导、政府引导、社会参与"的思想,依托不同地区农村城镇化进程,探寻适应不同地域和民族特色的农村体育发展路径。

(2)新型城镇化背景下中国农村体育发展目标。借助新型城镇的集约功能,实现农村体育的生态发展,使农村体育发展与新型城镇化建设同步,并逐步实现农村体育现代化。

(3)新型城镇化背景下中国农村体育发展步骤。从现在起到建国100周年农村体育发展分为"三步走":第一阶段(2014—2020年),发达村镇实现体育现代化;第二阶段(2021—2030年),中等发达村镇基本实现体育现代化;第三阶段(2031—2049年),欠发达村镇基本实现体育现代化。

(三)研究思路

(1)在解读当前我国新型城镇化建设内涵与历史背景的基础上,揭示发展农村体育文化与新型城镇化建设的内在关联。

(2)从理论及实践层面研究分析新型城镇化背景下中国农村体育的形态特征与发展趋势,通过深入调查,了解新型城镇化背景下农村体育需求的变化与走向。

(3)选取新型城镇社区建设的试点省份进行实地考察与个案分析,剖析新型城镇化背景下不同地区农村体育发展样态。

（4）提出新型城镇化背景下中国农村体育发展目标,设计农村体育现代化"三步走"的路径。

（四）研究方法

1. 实地考察法

选择列入我国新型城镇社区建设试点的若干省份为考察对象,东、中、西部各选取 1 个省份,每个省份选择 3 个地级市,每个市选择 3 个乡镇进行详细的实地考察。

2. 专家访谈法

选择省市体育主管部门,县、乡镇文体管理部门以及农村体育研究专家,进行访谈,征询新型城镇化背景下发展农村体育、提升农村文化并推动农村"人的城镇化"的对策。

3. 问卷调查法

发放调查问卷,了解农村体育人口、体育意识、体育需求、体育组织、传统体育文化形态、体育场地设施以及体育指导力量等农村体育现状与发展趋势。

4. 比较研究法

收集新型城镇化研究以及农村体育研究的相关资料,对新型城镇化背景下不同地区农村体育发展及其对人的城镇化发展作用进行比较分析。

（五）创新之处

（1）视角创新:选取新型城镇化作为研究的切入点,倡导农村体育可持续发展应该体现"集约、智能、绿色、低碳"的生态文明理念。

（2）观点创新:提出农村体育是新型城镇化进程中"人的城镇化"的重要手段,应该与新型城镇化建设同步发展,并纳入新型城镇化建设评估体系。

（3）路径创新:提出新型城镇化背景下中国农村体育发展目标,并设计实现农村体育现代化"三步走"的路径。

三、课题研究的主要过程

（一）第一阶段

开题阶段。广泛征求社会学、经济学、体育学等相关领域专家意见，设计课题研究宏观思路，把握好课题研究的总体方向，为后续研究做好铺垫。同时大量收集新型城镇化建设及农村体育研究相关成果，解读当前我国新型城镇化建设内涵与历史背景，并在此基础上，揭示发展农村体育文化与新型城镇化建设的内在关联，剖析农村体育发展与新型城镇化建设的密切联系。

（二）第二阶段

破题阶段。人的城镇化是新型城镇化的核心所在。新型城镇化建设的最终目的，是要满足广大城镇居民的物质文化需求，提高居民素质和生活质量，实现人的城镇化。因此，本研究从新型城镇化背景下农村体育的需求入手，从理论及实践层面研究分析新型城镇化背景下中国农村体育的形态特征与发展趋势，通过深入调查，破解新型城镇化背景下农村体育需求的变化与走向，为新型城镇化背景下农村体育发展路径提供理论假设，为农村体育实践考察指明方向。

（三）第三阶段

实践考察阶段。根据前期对新型城镇化背景下农村体育需求变化走向的理论假设与破解，选取新型城镇社区建设的试点省份江苏、湖北、四川等地区农村乡镇进行实地考察与个案分析，结合新型城镇化建设进程中农村体育发展的典型案例，剖析新型城镇化背景下不同地区农村体育发展样态，对前期的理论假设进行验证与修正，逐渐形成对新型城镇化背景下农村体育发展路径的成熟考量。

（四）第四阶段

理论成果的形成与完善阶段。根据前期理论假设及中期的实践考察，提出新型城镇化背景下中国农村体育发展路径的理论模型，涵盖新型城镇化背景下中国农村体育的指导思想、发展目标、发展战略、发展层次、发展步骤以及实践路径，结合新型城镇化发展现状，设计具有中国特色的农村体育现代化"三步走"的路径,使农村体育发展进程反哺新型城镇化建设进程,为推动新型城镇化的快速发展、改善农村乡镇居民生活方式、提升居民生活质量提供合理化对策建议。研究结论形成后再广泛征求相关领域专家意见,进一步修改完善,得到切合农村新型城镇化发展实际和农村发展未来走向的研究成果,为建设乡风文明、生活富裕的新型农村城镇提供政策参考。

第二章 发展农村体育与新型城镇化建设的内在关联

一、农村体育纳入新型城镇化建设内涵体系

新型城镇化建设与农村体育发展之间存在紧密的关系。新型城镇化建设为农村体育发展创造了新条件、新机遇与新目标,促使农村体育进入快速发展期。农村体育作为新型城镇化建设的组成部分,对于农村"人的城镇化"具有不可替代的重要作用,可以让广大农民业余文化生活更加丰富多彩,农民身体素质与身心健康水平有更大的促进与提高,推动整个农村社会幸福指数的提升。因此,将农村体育发展纳入新型城镇化建设内涵体系是十分必要的。

(一)"城镇化"与"新型城镇化"相关概念辨析

城镇化通常又称为"城市化"(urbanization),是指随着一个国家或地区社会生产力的发展、科学技术的进步以及产业结构的调整,其社会形态由以农业为主的传统乡村型社会向以工业(第二产业)和服务业(第三产业)等非农产业为主的现代城市型社会逐渐转变的历史过程,包括人口的城乡转变、生存的职业转变、产业层次的转变、土地生态化转变以及不同地域的时空变化[①]。城市是人类文明发展的成果,城市化的程度是衡量一个国家和地区经济、社会、文化、科技水平的重要标志,也是衡量国家和地区社会组织程度和管理水平的重要标志。只有经过城市化的洗礼之后,人类才能迈向更为辉煌的时代。然而,城市在给人们创造美好生活的同时,城市化带来的问题也让人触目惊心。由于以与自然对立和对乡村排斥为理论基础,扭曲了的城市化进程对自然、对农村、对弱势群体带来了不公平,引发了诸多弊端。曾经有学者概括,现代城市化的弊端主要体

---

① 胡际权.中国新型城镇化发展道路[M].重庆:重庆出版社,2008.

现在两个方面：一是"城市病"，表现在住房、交通、环境、就业、安全、卫生等方面；二是"城市文化病"，即城市发展对传统文化的破坏导致人们对城市本身的怀疑、失望、厌恶、憎恨等极端心态与行为。现代城市化的弊端表明，探索人与自然和谐、城乡共荣的城市化模式十分必要。基于此，中国政府试图探索一条新型城镇化的道路来推动中国社会的可持续发展。中国的高铁、移动多媒体、新能源等技术，为缩小城乡差距、实现城乡共荣提供了重要支撑。这种城乡共荣的城镇化如果成功了，不仅会造福中国人民，也将为世界和人类文明作出巨大贡献。这也就是现代中国社会所倡导的新型城镇化进程。

新型城镇化是 2012 年中央经济工作会议提出的一个全新概念，它与以往城镇化进程的主要区别在于把生态文明建设放在突出地位。党的十八大报告强调"要把生态文明建设融入经济建设、政治建设、文化建设、社会建设各方面和全过程，努力建设美丽中国。"其后中央经济工作会议确定"要把生态文明理念和原则全面融入城镇化全过程，走集约、智能、绿色、低碳的新型城镇化道路。"

所谓新型城镇化，是指坚持以人为本，以新型工业化为动力，以统筹兼顾为原则，推动城市的现代化、集群化、生态化和农村的城镇化，全面提升城镇化质量和水平，走科学发展、集约高效、功能完善、环境友好、社会和谐、个性鲜明、城乡一体、大中小城市和小城镇协调发展的城镇化建设新道路。新型城镇化的"新"就是要由过去片面注重追求城市规模扩大、空间扩张，改变为以提升城市的文化、公共服务等内涵为中心，真正使城镇成为具有较高品质的适宜人居之所。城镇化的核心是以人为本，实现农业人口的转移，将农村人口转变为城镇居民，享受城镇的便利条件和公共服务。《2012 中国新型城市化报告》中明确指出，中国城市化率已经超过 50%。实质上反映出我国农村人口低于城镇人口比例，意味着中国已进入城市化发展的快速阶段。十八大报告对"构建科学合理的城市化格局"提出新要求；2012 年中央经济工作会议重点强调"大中小城市和小城镇、城市群要科学布局"。李克强总理在多次视察调研以及日常工作会议上，重复提出"大、中、小城市和小城镇协调发展，东、中、西部地区因地制宜地推进"的国家发展战略。"城镇化"作为国家发展战略的一个概念，从广义的视角层面理解，实质上涵盖着"城镇化""城市化""都市化"的三级层次体系①。它与一般学术理论研究中采用的相关"城镇化"的狭义概念有着较大区别。因此，完整的、结构式的深刻理解我国新型"城镇化"

① 陈前虎. 中国城市化发展面临的危机与出路 [J]. 城市规划，2006，（1）：34-39.

的战略内质,并与"卫星城市群""大中城市群"和"小城镇群"等概念群融合起来思考与研究,正确认识新型城镇化所带来的影响,并采取必要的措施认真地予以解决城市化进程中的各种问题,这对中国社会发展有着重要的意义。

农村城镇化是我国社会主义现代化建设以及新型城镇化进程中的重要目标,其最大潜力在于扩大人民群众的内在需求。这是 2012 年中央经济工作会议以来,各级政府工作的重要方面。扩大内需是我国经济社会发展的战略基点,也是经济产业结构调整的核心部分。面对国际金融危机的挑战与冲击,靠促进内需实施成功的应对。直面世界经济发展速度有可能趋于长期放缓的现实背景下,我国经济实现持续发展,仍然要靠扩大内需。现代国际经济发展的历史经验证明,以内需为主是人口大国经济社会发展的必由之路。扩大内需与保障和改善民生紧密关联,能够促进个体增收,增加社会财富积累。"城镇化"与扩大内需是全面建成小康社会的标志与象征,也是国家发展的中长期战略目标体系中的重要方面,"城镇化"在实施战略目标中处于中坚和桥梁的地位与作用。

现代化是指由传统的农业社会向现代的工业社会、从效益偏低的农业经济向效益较高的工业经济、从相对封闭的农业文明向更加开放的工业文明的历史转变与结构转向过程。其重要的特质是工业化、民主化、城市化、福利化等。现代化是一个"集大成"的过程,是一个严整的发展体系,其内容主要包括思想现代化、管理现代化、技术现代化和经济现代化等[1]。"现代化"与"城镇化"在机制、内容、空间载体和形式上,都要以实现"工业化"为主导动力,"现代化"与"城镇化"两者客观上呈现相互叠合、同步发展的状态。我国"城镇化"发展速度较快。1978 年全国小城镇数量为 2173 个,到 2013 年快增至 20113 个[2]。1978 年至 2013 年,人口数量 20 万—50 万人的中等城市从 59 座增加到 213 座;人口数量 50 万—100 万人的大城市从 27 座增加到 78 座;人口数量 100 万人以上的特大城市从 13 座增加到 49 座[3]。我国"城镇化"在改革开放 30 多年来保持着高速与持续发展,全面推进了长期的、低效益的传统农业社会发展形态向现代"城镇化"结构形态的转型。因此,没有改革开放带来的现代工业化快速发展进程,就不可能向世界展现中国社会的城镇化发展成就。

①　高健,詹培丰,丁申奇.利奥波德环境伦理思想及其研究述评[J].山东省农业管理干部学院学报,2009,(5):45-46.
②　国务院.国家新型城镇化规划(2014—2020)[J].光明日报,2014-03-17.
③　殷江滨,李郇.中国人口流动与城镇化进程的回顾与展望[J].城市问题,2012,12:23-29.

2012 年《中国展望报告》中指出：到 2030 年，城镇居民占总人数的比重将从 1/2 上升到 2/3[①]。"城镇化"的历史进程表明，城市化发展过程中，人们的就业机会能较大增加，尽可能地利用农村大量的剩余劳动力人口，促使农村劳动力逐步从第一产业向第二产业、第三产业、第四产业转移[②]。城市人口快速增长，将对最终消费需求产生强劲的推动力量，尽快提高国内消费能力与水平的长效促进、助力拉动的扛杆作用，优化社会经济的发展方式。尤其是注重城镇基础设施投入与建设、创新惠民工程及城镇公共服务体系。因此，我国要把农业人口解放出来，必须通过实施积极的、高效的城镇化发展战略。随着各级政府"城镇化"政策和制度的颁发与实施实践，在未来几个五年发展阶段内，我国的"城镇化"与"城市化"将会持续保持高速推进，城镇消费能力、结构、资源、规模、层次和水平将有大幅度提升，将会实证李克强总理提出"我国未来几十年最大的发展潜力在城镇化"的战略判断。

（二）农村体育相关概念解读

1. "农村体育"相关概念辨析

翻阅关于农村体育研究的各种文献，往往会碰到众多与农村体育相关的概念，诸如农村体育、农民体育、农民工体育、村落体育、乡镇体育，等等。而最常见的，是农村体育与农民体育的概念纠缠不清，因此，我们主要来剖析农村体育与农民体育的联系与区别，进而界定农村体育的内涵与外延。"农村"与"农民"这两个概念本身的含义，也是变动不居的，因而导致了"农村体育"或者"农民体育"概念的流变与模糊。在不同国家、不同时期，所规定的农村概念有所不同。例如，美国 1950 年以前规定，凡是人口在 2500 人以下的、没有组织成自治单位的居住地就算农村；1950年以后规定，不论其是否组织成自治单位，凡人口在 2500 人以下或人口在每平方英里 1500 人以下的地区都算作农村[③]。可见农村是个地域概念。而在我国，农村概念最初带有行政区划的意味，一般来说把县级以下

---

① 钟天朗.小康社会居民健身消费需求的特点 [J].上海体育学院学报,2005,6(29):39-41.
② 姚士谋等.中国新型城镇化理论与实践问题 [J].地理科学,2014,34（6）:641-648.
③ 袁艺红,黄宏.农村体育研究中若干问题的界定和探讨[J].农业考古,2008,（3）:143-145.

的行政区称为农村[①]。现代汉语词典解释,农村是指以从事农业生产为主的农业人口居住的地区,是同城市相对应的区域。1984 年规定,总人口在 2 万人以下的乡,乡政府驻地非农业人口超过 2000 人的,或总人口在 2 万人以上的乡,乡政府驻地非农业人口占全乡人口 10% 以上的,均可建镇[②]。在这个地域范围内的居住者以从事农业生产为主。通常对农民词条的解释是:在农村从事农业生产的劳动者[③]。这是从职业身份和社会分工的角度来定义农民的概念。随着农村经济社会的发展与变化,许多农民的劳动形式呈现多元化态势发展,农民的生活更不局限于农村,而呈现出向城市流动的特点[④]。因此,现在的农民概念,已超出了一般意义上的户籍身份或社会阶层的限定。本文认为,农民是指:长期在农村地区生活并从事农业或相关性生产劳动的居民。它仍然表达一种身份,但并非传统意义的户籍身份,而是指一种地域身份。

　　所谓"农村体育"是指在乡镇所属区域内、以村组为基本单位开展的各类体育活动。所参与的主体对象是从事农业生产的、长期居住村落的群体。而农民体育是从属于农业人口,长期居住于村组所属地域,以农业产业工作为主体的人群组织开展的各类体育活动。农村体育发展过程中由农民直接参与,运用简易体育设施和器材,或者依托自然环境,通过符合农村地域环境特点的传统项目、乡土项目或者形式灵活的现代项目来实现强身健体、休闲娱乐、社会教育、社会交往的群众体育活动。《中共中央、国务院关于推进社会主义新农村建设的若干意见》中提出:"推动实施农民体育健身工程,积极开展多种形式的群众喜闻乐见、寓教于乐的文体活动"。2002 年党的十六大提出:"形成比较完善的全民健身体系"。对我国建设社会主义新农村作出了具有历史重大意义的战略决策,十分明确地提出社会主义新农村建设的宏伟目标,着力在新农村建设过程中,系统地突出农村全民健身工程的社会与经济功能。我国是世界上最大的农业国,农民人口数量占居大多数,客观上农业经济发展、农村文化建设、农民富裕问题决定了社会主义新农村建设的成败。农村保持长久的稳定、发展、开放与进步,才能促进整个社会和谐发展。

① 朱家新. 新时期农村体育发展理论与实证研究 [M].合肥:安徽大学出版社, 2007:20-21.

② 朱光磊.当代中国社会各阶层分析 [M].天津:天津人民出版社, 1998:212.

③ 高建民.中国"农民"的概念探析 [J].社会科学论坛, 2008,(9):65-68.

④ 马永明, 夏成前.江苏海安北凌乡农村体育发展调查 [J].体育文化导刊, 2010,(3):36-38.

2. 农村体育的内容

农村有着大量鲜活的体育活动与体育形式。农村体育绝不局限于竞技类的体育项目,那些凝炼地方文化特色的体育项目与内容,如扭秧歌、赛龙舟、荡秋千、抖空竹、摔跤、角力、赛马等,是农村体育最充满活力的表现形式[①]。

首先我们应该认识到,农村体育涉及特定的地域范围,即指农村这个特定的地区,只有在这个特定的地域范围内开展的体育活动,才能称之为农村体育。众所周知,在不同的农村地区,往往都有着一些民族、民间特色体育项目,例如,朝鲜族的荡秋千,蒙古族的赛马、摔跤,江南地区的舞狮、赛龙舟、抖空竹,苏北里下河地区的莲湘,等等,这些极富民族特色或地方特色的民间体育项目,是农村体育最富生命力的表现形式。它蕴含着浓郁的地方文化特色,形成了农村体育非物质文化遗产。它是农村体育的重要形式之一。其次农村体育还包含某些球类项目。篮球作为一项全世界最风行的运动之一,也深受广大农村青年的喜爱。这个项目由于对场地器材要求不高,简便易行,在某些农村地区有着广泛的群众基础。例如,江苏海安北凌乡,最初就是由当时的公社书记带领农民用木板自制了篮球架开展了篮球活动,并自此形成了长达50余年的农村体育传统[②]。再如江苏的丹阳是著名的农民篮球之乡[③]。广东梅县有60%~70%的成年人经常踢足球,出现了许多"足球世家"和"几代球迷"[④]。这样的"体育之乡"全国农村不断涌现。再次,传统武术活动,也是在农村较受群众欢迎和喜爱的体育项目。特别是在二十世纪80年代,受《少林寺》等电影的宣传和影响,武术成为深受农民喜爱的强身健体形式。农村涌现了一批批武术之乡,诸如河北沧州、河南陈家沟、福建石狮、江苏沛县等。最后,农村体育还包含一些健身类体育内容,如跳绳、踢键、拔河、气功等,再有就是钓鱼棋牌等休闲娱乐类内容,农村居民对于中国象棋和麻将有着异乎寻常的热爱,经常看到农村小集镇上家家户户门前摆满了露天的麻将桌,男女老少乐此不疲。

---

① 林文同,李习友. 试论我国农村体育的发展趋势及其影响 [J]. 体育与科学,1990,(6):19-22.
② 马永明,夏成前. 江苏海安北凌乡农村体育发展调查 [J]. 体育文化导刊,2010,(3):36-38.
③ 田雨普. 中国群众体育探究 [M]. 北京:人民体育出版社,2004:74.
④ 夏成前. 农村体育非物质文化遗产的困境及其救赎 [J]. 体育与科学,2011,32,(5):60-63.

3.发展农村体育的"内质"

只有动员与组织广大农村居民参加体育活动,才有真正的农村体育、群众体育的存在与发展。村组体育是农村体育系统的最基本单元,是开展现实农村体育的主要力量,也是现代农村体育发展的着力点。在大力发展农村体育过程中,重现村组体育的组织与开展,对农村体育、农民体育的整体发展起到关健性的作用。同时村组体育是农村"物质文明、政治文明、精神文明"建设的不可或缺的内容,要让"文明、积极、健康、有益"的体育文化活动,成为村落人群首选的生活方式,成为自主的切实需求,自觉地抵制"法轮功"活动、非法封建迷信活动、"黄、赌、毒"活动、传销活动等违背和谐社会发展的丑恶活动,引导村镇居民形成健康、科学、文明的体育文化生活习惯,推动社会主义新农村建设的步伐[1]。

农村经济发展水平是农村体育发展的必要物质基础。历史事实证明,农村体育兴旺发展,是建立在农村经济发展这一物质基础之上的。建国初期农村体育的萌芽,是在国家财力逐步复苏的情况下出现的,那时候农村体育的发展,只能是低水平的。而50年代后期农村体育的第一次高潮,则是农业生产合作化与农民生活逐步安定的一个因果延续。60年代初农村体育的低潮,与当时的自然灾害以及物质匮乏密不可分,文革时期在农村相对贫困的状况下能出现农村体育的"热烈"表象是不可能长久的政治因素使然。改革开放之后农村体育的逐步升温,恰恰是农村联产承包责任制实施、党的富民政策落实、农民脱贫致富奔小康的直接反映。

中国农村体育遵循体育规律和农事季节规律,依照农村具体条件办事,农村体育就能获得真正发展;违背体育规律、搞"大跃进"式的农村体育,其实是损害了农村体育的正常发展,其"繁荣"表象不可能长久;结合农村特色开展的体育活动,就能受到农民的真正欢迎。政治体育、革命体育是阶级斗争、路线斗争的产物,农民的参与并不是发自内心的,而是一种政治任务。只有遵循体育活动自身的规律,从农村的现实状况和农民的生产生活实际出发,农村体育才能真正受到农民的喜爱和参与,从而焕发出勃勃生机。

和谐稳定的社会环境是农村体育兴旺发展的政治保障。农村体育与政治和社会环境相对稳定有关,与党的政策和国家的命运息息相关。50年代中期农村体育的高潮,与战乱之后国家政治的稳定、经济的发展分不开;新时期农村体育的节节攀升,更是我国建设和谐社会所带来的繁荣

---

[1]　胡锦涛.坚定不移沿着中国特色社会主义道路前进,为全面建成小康社会而奋斗[N].光明日报,2012-11-18.

景象。国运兴则体育兴,农村体育的发展,与农村社会和谐、政治安定密不可分。作为主管体育工作的机构,国家体育行政部门确立的工作指导方针,直接影响着农村体育的兴衰。在建设社会主义新农村的大政方针影响下,体育部门注重开展"雪炭工程""农民体育健身工程""农村体育年""体育三下乡"等活动。各级政府重视程度的加强,体现在制定农村体育政策与相关法律支持保障,这是我国农村体育发展的外在动力。党和国家的重视程度,政策的导向与支持是农村体育从零星到系统,并能一次次掀起高潮的一个必要条件。

(三)农村体育与城镇化发展的多维关联

1. 农村体育与城镇化发展的内因与外因关联

党的十六大以来,党和政府通过颁发与实施有利于社会主义新农村建设的政策措施,如"减免农业税""免征农业税""种粮补贴""购买良种补贴""购买农机补贴"等,推动农村发展。中央与国务院持续实施"以工促农、以城带乡"的发展战略,对农村社会事业的投入逐年增加,部分用于农村体育基础设施建设。但建设社会主义新农村,促进农村体育的现代化,全部依靠政府"买单"远远不能满足实际需要,距离农村体育发展的要求相差较远。农村体育与城镇化发展过程中,必须组织亿万名农民积极参与农村体育工程建设之中。农民主体积极性是内因,外部支持是条件,只有内因的能动作用结合外因的支撑作用,才能促进农民健身工程快速系统地整体化推进,实现农村体育与农村城镇化建设和谐创新与可持续发展。

2. 农村体育与城镇化发展的近期与长远关系

由于城乡差别,我国农村经济社会发展水平偏低,农村体育发展速度较慢的现实局面与农村社会发展的历史一脉相承,改变农村体育相对滞后的状况,必须经过全社会的共同努力才能有所进步。要贯彻国家有关体育和农村工作的法规及方针政策,发展农村体育现代化事业,把提高农民的身心健康放在首位,培养"道德""经济"双向发展的新型农民。农村新型城镇化建设必须紧紧围绕经济转型、生活富裕的目标,践行《全民健身条例》,在小城镇体育发展的引力下,普及科学化与大众化的健身方式,大力推广农村广场舞,组织农村留守人群参与锻炼,不断地提高农村乡镇居民的业余文化生活质量;在有条件的村组发现和培养省市县级农村体育后备人才。我国农村贫困与富裕地区客观条件,存在较大的差距,被认定属于国家级贫困地区的人口、经济困难群体数量比例较大。目前全国贫困农业人口近 5 千万人左右,农村生产力以及生活质量还处于较低水平。因此,在社会主义新农村与城镇化建设过程中,必须清醒地认识到农村体育发展的长期性、复杂性、层次性和艰巨性。既要又快又好地做好当前农村体育调查研究、分期规划、制定目标、落实政策与统筹安排各项体育工作任务,又要兼顾农民的现实利益和发展期望,谋划长远、区分轻重、突出重点;通过因地制宜与因势利导,实事求是开展农村体育的实际工作,有目标、有规划、有方案、有层次地把农村体育事业与城镇化建设目标相结合。

3. 农村体育发展与农民增收的关系

城镇化从根本上说是要实现人口的城镇化,人口城镇化无非就是农村人口转移到城镇或农村地区发展为城镇,实现就地城镇化。不管通过何种途径,最终实现人们集中在城镇生活。人们在城镇长期生活下去的重要前提就是能够有一个合法的工作岗位和收入来源。没有相应产业的支撑,城镇化无法可持续发展。而新型城镇化的发展促成了农村人口转变为城镇居民,集中到小城镇或中心村镇社区居住,带来了体育文化需求的提升,为发展体育服务产业提供了可能,也为农民增收提供了新的增长点。

社会主义新农村与新型城镇化建设的根本任务是切实增加农民经济来源与收入,也是全面顺利地解决我国"三农"问题的核心目标。发展农村体育与促进农民增加经济收入是相辅相成、相互促进的协同关系。首先,通过增加农村体育基础设施建设项目数量,可以促使农民参与体育建设,得到一定的工作收入;其次,农村体育的开展,促使农村生产力素质的提升,有利于农民健康地从事农业产业劳动,提高劳动生产率,有利于农民收入持续增长;最后,农民经济收入的不断积累,有利于促进农民体育消费。农民积极地参与发展农村体育产业经营活动,能够为发展农村体育增加丰富体育物质基础。因此,开发与利用农村体育经济资源与农民增收的期望是"同轨""共生"的。要把发展现代农村体育和拓宽农民增收渠道融合在一起,积极推进农村体育产业结构调整,开展体育科技创新,建立体育科技成果转化机制,改善农村体育产业环境,全面推动农村体育产业经济方式的市场化,提高农村体育产品的市场占有率。

4. 农村体育现代化与城镇化的关系

农村体育现代化反映了农村体育发展的理想目标与未来趋势。它是在农村社会现代化的发展进程中,以改善农村居民体育生活方式、提高生活质量为目的,并指向农村体育未来发展目标的动态发展过程。本课题研究认为:农村体育现代化的内涵包括体育保障条件的现代化、体育普及程度的现代化、体育管理服务的现代化、体育质量水平的现代化等。因此,农村体育现代化也包含两层基本含义,既指农村体育发展所达到的水平和状态,也指为实现农村体育发展目标所进行的能动的奋斗过程。因此,农村体育现代化包含三个层次:基础层是物质层面,指农村体育物质的现代化(即各种体育硬件设施的现代化);中间层是制度层面,指农村体育制度现代化(即调控农村体育事业与社会关系主要手段的现代化);核心层是人的层面,指农村体育人群的现代化(即从事农村体育相关工作的各类人和参与农村体育活动的各类人的现代化)。

新型城镇化是促进、保持、加速我国农村体育现代化的助推器。发展新农村体育的目标是将现代城镇和乡村体育融合起来,两者的关系不是处于矛盾与冲突状态;而是将城乡一体化,坚持城镇体育和乡村体育紧密结合,把推进农村体育现代化与城镇化、工业化、解决"三农"问题结合起来,形成新农村建设的系统结构。农村体育现代化与新型城镇化是依靠、助力、支撑、共进、发展的格局。农村向城镇化、工业化方向发展,也涵盖农村体育向现代化方向发展。目前,尽管我国农村体育物质设施基础条件差,体育社会服务体系有待加强,体育产业经营管理处在"原生态",但随着新型城镇化与工业化的推进,农村体育现代化建设将得到快速发展。因此,采取"以城带乡""以工促农""以农促体"的先进方式,加强农村体育服务综合能力建设。要用良好的体育物质条件、前沿的科技手段、市场的产业经营形式、科学的体育管理理念引导农村体育事业向现代化迈进。在实现新型城镇化过程中,大力发展农村体育现代化。

5. 农村体育体制改革与城乡体制综合改革的关系

农村基层组织是开展农村体育的重要基础,农村村民自治制度是体育民主制度最基本的依托。因此,建立健全村民自治制度,是切实维护农村乡镇居民体育权利的组织保障。城乡体制综合改革方面,要以乡镇机构改革为契机,建立城乡统一的体育公共服务保障体系,建立能干事、干好事、干事高效的农村基层体育行政管理体制。既要保护村民自治组织对开展农民体育工作的积极性,给予物质和政策的支持与导向;又要发挥乡镇政府体育职能部门对村镇体育工作的指导作用,只有通过深化改革,调动镇村两级管理的能动作用,才能为新农村体育工作建设提供体制保障,让农村群众真正参与体育、享有体育、管理体育。发挥乡镇党委行政、村党支部、村委会的组织领导和协调作用,才能逐步完善农村体育体制改革,指导与保障农村体育实现现代化。

（四）农村体育契合新型城镇化的内在需求

新型城镇化提倡把生态文明理念全面融入城镇化进程,着力推进绿色发展、低碳发展,节约集约利用土地、水、能源等资源,强化环境保护和生态修复,减少对自然的干扰和损害,推动形成绿色低碳的生产生活方式。在这一方面,农村体育与新型城镇化的绿色低碳的生态理念相契合。

1.农村体育"绿色""低碳"环境的内涵

农村体育的"绿色、低碳"环境是指自然的体育环境。也包括人、体育、自然环境相互之间的作用关系。体育的根本目的是增进健康,而"绿色、低碳"的自然环境与健康紧密相关。如许多农村乡镇的健身步道或"暴走街",路两旁被草坪和绿树环绕,给人一种"曲径通幽处"的美感。男女老少都钟爱清新自然与低碳的锻炼身体"乐土"。由此可以推断,我国广大农村开展"绿色体育"具有十分广阔的市场。小城镇修建一条健身步道或"暴走街"应该不成问题。关键在于农民体育健身工程建设要与"绿色、低碳"生态环境协调统一。强化体育健身对自然环境的维护与融合,保持人、体育、自然的生态平衡。

2.传统城镇化进程中农村体育"绿色""低碳"环境面临挑战

在以往的城镇化进程中,由于追逐经济利益,农村体育的"绿色、低碳"生态环境破坏严重。第一,改革开放以来,我国第三产业得到快速发展与结构调整,其中旅游产业结构调整十分显现,尤其是体育和旅游相联姻的新兴产业,由于旅游环境开放与设施修建,改变了自然区域的地质地貌以及原有的自然生态系统,如污水、垃圾、停车场、尾气排放等,给处于原生态的自然运动环境造成了很大程度的破坏和污染。如喜马拉雅的登山者在其区域内留下的各类垃圾达几百吨;宁夏沙坡头的过度开发滑沙活动,破坏了"沙坡鸣钟"奇观的自然价值;漂流运动超量开发,导致水质资源的污染等。第二,一方面符合农村生态发展要求的、与农民生产生活紧密相关的体育场地设施数量不足;另一方面农村体育活动场地设施建设中存在"二次"污染,如平整山林绿地修建运动场,植被受到破坏;村镇全民健身路径器械安装使用维修油污染;海滨浴场、自然攀岩等场地的人为垃圾与水污染等。第三,农村体育的社会生态环境基础薄弱。主要表现在政府及主管部门对农村体育的社会价值、功能和地位认知存在较大的偏差,客观上导致村民的福利性体育服务缺失,农村体育的发展存在不均衡化;农村体育管理呈弱化状态,县级文化、教育、体育部门合并与重组,乡镇政府基本上撤消了体育职能部门,降低了新农村体育事业建设的发展速度。第四,我国农民体育素质整体偏低,适应建设新农村和现代农业的能力急待提升。农村劳动力中小学以下文化程度占有相当高的比例,思想解放程度较小,小农经济意识较强,农村体育改革步伐缓慢,封建迷信思想还有市场,精神面貌较为陈旧。这些主体性问题的存在,必然会对新农村体育事业的发展产生负面作用。因此,上述因素反映农村体育"绿色""低碳"的环境现状令人担忧,面临着严峻的挑战,同时也为改善农村体育"绿色""低碳"的环境带来新的发展机遇。

3. 发展农村体育有助于新型城镇化的和谐社会建设

和谐社会的构建必须能够提供丰裕物质基础,在社会人文层面注重人际关系的和谐构筑。人是社会的主体,更是村镇社区发展的主体。村镇社区个体的选择不仅决定着自身命运,更影响着村镇社区群体人际关系与人居环境的生成。从而,农村乡镇社区人际关系的和谐应当是构建和谐社会的根基,而要实现村镇社区人际关系的和谐就必须理解人、认识人,发挥人在村镇社区中的主体地位,才能做到以人为本,若是离开了"人",社会的一切和谐将无从谈起。和谐社会需以人生命的本质和过程为逻辑起点,人具有三种不同的生命即肉体生命、社会生命和精神生命。构建和谐社会的根基在于农村社区人际关系的和谐,而农村社区人际关系和谐的关键又在于人的不同生命形式的相互和谐。村镇社区体育的管理也是为生命相互和谐作了铺垫。

随着和谐社会的建设与发展,村镇居民健身管理也呈现了一种和谐的状态。具体表现为:其一,健身人群之间的和谐。在一个健身团队之中,由村镇居民自主选举选出一个无私奉献并具有工作责任感的领导者,精心组织团队积极开展健身活动,负责联系竞赛和表演事宜,正确引领村镇居民参加体育健身活动。其二,个体与村镇社区之间的和谐。一般一个村镇可分为多个农村社区,由各农村社区组织开展体育活动,农村社区人群都能积极响应参与各种健身活动与家庭体育竞赛活动,并且加强个体与村镇社区的联系,积极组织各个社区的联谊活动,增强不同社区居民的情感交流与体育运动技术的切磋。其三,邻里之间与家庭之间的和谐。走出单元户的"鸽子笼"家庭模式,把参与健身锻炼作为相互帮助、相互了解、相互促进、和谐生活的重要内容,利用体育健身的平台,加强邻里间情感交流,增强家庭间的情感枢纽作用,构建融洽的邻里和睦关系;利用全家总动员的体育健身方式,增进家庭间的思想交流,建立更为温暖的家庭关系。村镇社区居民健身管理和谐发展,对促进小城镇的可持续发展起到十分积极的作用①。

4.新型城镇化背景下改善农村体育环境的策略

第一,因地制宜改善农村体育的"绿色""低碳"环境。根据乡镇、行政村的实际,对现有体育资源进行规划设计,并与城镇化建设同步规划;从村镇的实际经济能力出发,有步骤实施村组体育设施标准化建设;避免原有体育资源浪费和破坏。如将闲置房屋改造成室内体育活动室,村文化室进行整合,添置必要的体育器材。第二,发展民俗体育,推广"绿色""低碳"运动项目。民俗体育是原生态体育文化的"内核"。民俗体育具有广泛性、健身性、趣味性的特点,是天然的、绿色的、低碳的运动方式,发展民俗体育既要保护,又要开发;既要保持传统,又要体现时尚;既要节约推广,又要加强投入。把民俗体育运动项目打造成健康体育产品。第三,提升农民的生态体育意识。新农村与城镇化建设成败有赖于农村居民的整体素质水平,体育素质是重要方面。因此,要通过各种媒体宣传农村体育,开设农村体育健身讲座、促进农民养成运动实践习惯,培养农民的体育生活精神。第四,健全农村生态体育组织,加强组织管理保障。要指导乡镇成立农民体育协会,依靠协会开设农民体育健身中心与运动健身俱乐部等。第五,建立农村体育生态化服务体系,通过体育特色村组示范点建设,逐步建立农村体育服务网络。第六,构建农村生态体育产业模式,促进农村体育产业结构调整与优化,推动农村体育"绿色""低碳"发展。第七,实施农村体育"绿色""低碳"生态立法。以《环境保护法》的基本原则作为指导,各级政府制定、实施体育生态保护政策,明确体育场所节能减排、环境保护的法律责任。

二、实现农村体育现代化与新型城镇化的同步发展

（一）农村体育现代化基本理论阐释

现代化是二十世纪尤其是第二次世界大战以来人类经历的一场巨大的变革,是以工业化为根基,以改变经济落后面貌和追求社会持续发展为目标的席卷全球的一项社会运动。作为一个发展中国家,实现现代化是中国人一个半世纪来梦寐以求的理想。伴随着新世纪的到来,我国已经

① 卢绍群,刘远海.农村社区体育功能对构建和谐社会的作用[J].湖北体育科技,2006,（5）: 591-594.

进入现代化建设的新时期。特别是我国长江三角洲和珠江三角洲的部分经济发达地区按照邓小平同志提出的现代化分"三步走"的战略构想,已经率先实现了由温饱向小康的历史跨越,提前完成了达到小康水平的历程,正向基本现代化迈进。在这一伟大的历史进程中,一些经济发达地区的农业、教育等与国民经济和社会发展休戚相关的基础领域现代化建设先后被提上议事日程,并取得了显著的成效。作为社会事业重要组成部分的体育领域,如何适应经济与社会领域现代化建设的步伐,逐步与经济和各项社会事业协调发展,为实现全面现代化作出应有的贡献,是摆在我们面前一个十分紧迫而重要的课题。

党的十五大报告郑重宣告:"展望下世纪,我们的目标是,……到建国 100 年时,基本实现现代化,建成富强民主文明的社会主义国家。"因此,从现在到 21 世纪中叶,是中华民族再创辉煌的关键时期,可以预言,现代化建设作为一项波澜壮阔的伟大事业将在全国各地和各个领域全面展开。而对于体育领域而言,21 世纪体育改革和发展最鲜明的主题就是体育现代化。

1. 农村体育现代化的概念

农村体育现代化反映农村各项社会事业中体育领域发展的理想目标与未来趋势,它是指农村体育制度、物质、人在某一特定阶段的发展水平与状态,包括体育价值观念、体育管理方式、体育运行过程、体育科学理论、体育方法手段和体育场馆设施应用于农村人群身心发展所能达到的一定水平,是一种为实现这一理想目标所进行的高度理性、自觉奋斗的过程,是一种能动地加速农村体育发展的现实历史进程。

(1)农村体育现代化的内涵

农村体育现代化有着极为丰富的内涵,是一项具有多重品质的综合体。农村体育现代化反映了农村体育发展的理想目标与未来趋势。总的来说,农村体育现代化是在农村社会现代化的发展进程中,以改善人们体育生活方式、提高人们生活质量为目的,并指向农村体育未来发展目标的动态发展过程。本课题研究认为:农村体育现代化的内涵包括农村体育保障条件的现代化、农村体育普及程度的现代化、农村体育管理服务的现代化、农村体育质量水平的现代化。因此,农村体育现代化也包含两层基本含义,既指农村体育发展所达到的水平和状态,也指为实现农村体育发展目标所进行的能动的奋斗过程。

(2)农村体育现代化的层面

农村体育现代化是现代化历史范畴不可分割的部分,如果将农村体育现代化看作一个具有多重品质的综合体,那么这个综合体由外至内共包含三个层面:最外层是物质层面,指农村体育物质现代化(即包括农村大众体育、竞技体育和学校体育等各种体育硬件设施的现代化),中间层是制度层面,指体育制度现代化(即调控体育事业社会关系主要手段的现代化);核心层是人的层面,指体育人的现代化(即从事体育相关工作的各类人和参与体育活动的各类人的现代化)。

在体育现代化的三个层面中,人的现代化是核心。体育现代化的最终目标是追求人的现代化,而体育现代化的实现,也取决于人的现代化。所以说体育人的现代化,既是体育现代化的结果,又是体育现代化的条件。人的现代化,就是全面提高人的素质,使之具有现代化建设的能力。人的现代化程度决定社会的现代化水平。现代化问题研究权威、美国社会学家英格尔斯(Inkeles,1985)在《人的现代化》一书中指出:"人的现代化是国家现代化不可缺少的因素。它并不是现代化过程结束后的副产品,而是现代化制度与经济赖以长期发展并取得成功的先决条件"。

马克思主义的最高追求是人的全面发展,现代化归根结底还是人的现代化。强调以人为本、科学发展,得到的结论就是必须重视人的现代化(宋林飞,2011)。目前联合国衡量一个国家的发达程度,采用的指标是人类发展指数,包括三个指标,即健康长寿、人均受教育年限与生活水平。而这些指标,本质上都与体育现代化息息相关。

(3)农村体育现代化的维度

农村体育现代化的维度,是指划分农村体育现代化评价指标的角度,即评价者是从哪些方面来评价考核体育现代化的实现程度。以往的研究者对于体育现代化的研究,大多习惯从群众体育、竞技体育、体育产业等体育工作的条块来划分体育现代化指标。本研究借鉴教育现代化的评价指标,认为应该跳出体育工作条块划分的习惯性思维,从体育保障度、体育普及度、体育质量度、体育贡献度和体育满意度五个维度来设计农村体育现代化指标体系,这样的维度划分,不仅涉及体育场地设施、体质合格率、体育活动参与率、体育财政投入、体育产业与消费等可量化的体育发展常规指标,而且包含了体育公共服务、体育法制建设、群众满意度等发展性的难以量化的指标,体现了农村体育现代化指标体系的全面性、先进性和引领性。

农村体育现代化的五个维度分别说明如下:

农村体育保障度主要从体育物质保障的层面,反映实现农村体育现代化的物质基础及制度保障。农村体育普及度主要从群众性体育活动开展及群众参与等层面,反映体育生活方式的普及和群众体育参与状况。

农村体育质量度主要从农村居民体质、体育后备人才质量及品牌赛事质量等视角,反映农村体育现代化的质量状况。农村体育贡献度主要从体育产业与消费、体育公共服务等视角,反映体育现代化对社会生产和生活的贡献程度。农村体育满意度主要从农村群众是否满意的角度,反映广大村镇居民对农村体育现代化建设的认可程度。

（4）农村体育现代化的内容

农村体育现代化的内容是指农村体育现代化各个维度所包含的各项具体内容。事实上,体育现代化所包含的内容在空间和时间上都是不可穷尽的,而且,体育现代化本身又是一个不断进步的动态发展过程。所以,在理论上,农村体育现代化是一个不断推进和不断完善的过程。其内容应该至少包括以下几个方面。

从体育保障度方面,农村体育现代化包括农村体育场地设施、体育财政投入、体育法制建设、体育信息化水平4个具体内容。在体育普及度方面,农村体育现代化包括农村体育活动参与、群众性体育活动普及与开展2个具体内容。农村体育质量度包括农村居民体质、体育后备人才培养、品牌赛事工程、体育强市强县建设4个具体内容。农村体育贡献度包括体育产业与消费、体育公共服务、农村体育竞赛成就3个具体内容。农村体育满意度主要内容是指农村广大人民群众对农村体育现代化建设成果的满意程度。

（5）农村体育现代化的阶段

胡福明等学者曾在《苏南现代化》一书中论述了中国现代化的阶段性理论,指出中国现代化将是一个相当长的历史过程,包括初步现代化、基本现代化、全面现代化三个阶段。此外,由于中国地区经济、社会发展的不平衡性,地区现代化是中国迈向社会主义现代化的必经阶段。基于该理论的观点,我们认为,中国的农村体育现代化历程也可以分为三个阶段,即:经济发达地区农村率先基本实现体育现代化、经济后发地区农村基本实现体育现代化、全国各地区农村全面实现体育现代化。其历史过程可以具体表述为三个阶段:第一个阶段是现在起到2020年,经济发达地区农村率先基本实现体育现代化;第二个阶段是到2030年,经济后发地区基本实现体育现代化;第三个阶段是到2049年即建国100周年时,全国范围内农村全面实现体育现代化。这将是一个长远的历史过程。

2. 农村体育现代化的相关理论

随着国民经济发展水平的提升,农村体育的发展速度也逐步加快。开展农村体育,落实全民健身计划,提高人民生活质量,是全面建设小康社会的重要内容,是构建和谐社会的必然要求。城镇居民生活质量的不断提高,身体健康指标越来越好以及闲暇的积极的生活方式都与建设社会主义和谐社会有着重要而深远的意义[①]。农村体育现代化与新型城镇化的发展程度,在一定程度上标志着我国社会的文明程度。

（1）和谐社会的发展理论

构建社会主义和谐社会是我国体制改革、社会转型与发展的客观要求。体育作为一种群众广泛参与的社会活动,在人们日常生活中发挥着多方面作用。体育活动不仅可以增强人民的体质,使人们拥有一个更加健康的体魄,也丰富了人们的文化生活,体育活动的开展使人们可以在活动中感受到快乐,可以体会到团队力量的伟大[②]。有时体育活动给人们带来的不仅仅是娱乐,更多的则是活动中给人们产生的感悟。人需要成长的过程,在这过程中离不开体育活动。乡镇村组是构成和谐社会的最小单元。和谐社会发展过程中最重要的是人的和谐,人的和谐体现在人与人的关系、自我心理和谐状态,而在人与社会和谐之中,个体身心协调发展十分重要。和谐社会的发展建立在个体身心协调发展基础之上。通过参与运动实践,有利于人与人之间和谐相处,有利于愉悦心理过程,有利于农村不同群体从抛弃各种利益冲突开始,向相互理解、共同参与的社会角色转变,努力地成为和谐社会的成员。可以认为,农村和谐社会的发展离不开村组基础和谐,离不开体育所作的"功"。体育是以满足广大人民群众强身健体需求为根本目的,完善和谐社会的体育管理体系才能更好地发展和谐农村。

（2）农村社区体育发展理论

在农村生活水平的不断提高的背景下,健康生活成为农民追求的目标。农村社区体育可以让广大农民群众享受体育,还可以在锻炼的同时感受幸福生活。农村社区体育是指在人们共同生活的村镇社区之内,以该区域内的自然环境以及相应的体育设施为物质基础,以社区居民为主体,满足农村社区成员的体育需求,并以全面增进社区居民身心健康、巩固发展社区成员感情、身体素质为最终目的而开展的区域性群众体育活动[③]。其基本发展模式如下:首先,以区域内的学校为中心开展"新型"农

① 付明萍.试论新形式下的小城镇体育管理[J].体育文化导刊,2013,1（1）:25-27.

② 展更豪,李莹.对我国城市社区全民健身管理工作中几个问题的探讨[J].北京体育师范学院学报,2000,（4）:94-96.

③ 夏正清.居民生活小区体育健身管理模式的研究[J].广州体育学院学报,2006,7（4）:36-39.

村社区体育模式。其次,以区域内的街道委员会、居委会为中心开展的"传统"农村社区体育模式。再次,村镇学校体育与农村社区体育发展进行良好互动的模式。最后,农村社区、家庭、学校一体化发展的模式。

（3）社会组织发展理论

随着农村社区组织的发展,其面对的人群也在不断地扩大,同时又承担着更多的社会功能。在社会服务中,要增强社会活力,加强农村社区对其自身经济发展的管理,从而促进社区发展,增强农村社区凝聚力[①]。农村社区组织具有双层内涵,首先,是农村社区内部存在的各种组织形式;其次,农村社区组织也是一种社会工作方法,是组织、动员农村社区资源的一个过程。因此,通过农村社区组织管理功能,积极发展农村社区体育,改善农村社区居民身体素质,促进居民积极参与到体育运动之中,让农村社区体育得以全面发展。农村社会组织的创办、发展、管理、服务与评估都与社会农村社区管理创新有着直接的关系。通过放宽体育入口、政府购买体育服务、简化体育管理程序、引导体育评估、社会组织发展关键环节的作用,真正创造农村和谐社区及其社会组织。

（4）生活实践生存理论

社会生活由各种现象和事物构成,是纷繁复杂的。社会生活的内容本质上是人们活动的结果,是社会实践的产物。科学运动实践观符合人的生存理论基础。它把运动实践作为人的生存与发展所必须的工具。运动实践活动是人存在的重要方式之一[②]。人的正确思想的产生,是从实践到认识、又从认识到实践的过程。因此,生活实践生存理论也是农村体育发展过程中所必须的一种不断认识、不断实践的循环过程。农村体育的发展,与人的生存环境的变迁和人的生存方式的转换密切相关,农村社区体育管理方向应该培养人具有社会生存所必需的能力。生存教育已成为和谐社会的一个重要趋势,受到社会的普遍关注。健康是人类生存发展的基本要素,健康也是构建和谐社会的基本要求,农村体育作为促进农村社区居民健康的手段及构建和谐社会的方式,对于农村居民生活与生存实践具有重要价值。

---

① 贾志强.新时期我国管理机制与运行机制的研究 [J].北京体育大学学报,2007,9（9）：1180-1121.

② 许文俊.关于居民健身行为的探讨 [J].河北体育科技,2002,9（3）：343-345.

（二）新型城镇化奠定农村体育现代化的现实基础

1. 新型城镇化带来农村居民生活方式的改变

新型城镇化带来农村生活地域的集聚,这改变了农村居民传统的分散居住的生活方式,使新型乡镇和农村新型社区成为农村居民集聚生活的常态,也使集聚式的群众体育活动有了更多的可能。农村社区是指由一定的数量的居民组成的、具有内在互动关系与文化维系力的地域性的生活共同体,拥有非常丰富的人文景观和地域民族文化资源。由于各个地域的环境相对较复杂,不同地域的农村社区均具有其各自不同的生活习惯,农村社区体育活动方式,也均凝聚着浓郁的地域性特色[1]。因此,各农村社区的体育活动方式也不尽相同,这也进一步形成了体育活动的地域性。为了促进社会的和谐,各地区相互联系,地域性的体育活动方式就应该相互融合,互相促进。农村社区体育具有很大的挖掘潜力,各农村社区之间应相互交流吸取各自的长处,使体育活动得以更好发展,和谐农村社区的建设得到保障。农村社区间的体育活动方式的融合也是和谐社会的基本保障,要求建设良好的农村社区体育管理体系。

2. 新型城镇化建设改善了农村体育场地设施

村镇居民健身场地设施管理是在村镇经济社会发展的过程中,针对村镇居民的健身实际采取的管理方式。它的特点具体表现在:第一,村镇居民健身场地设施是生活方式的需要,一种健身的需求,一种社会趋势的反映,关系小城镇居民的身体健康。第二是本着便民利民原则,村镇利用人口较集中的地方,周边空地或农村社区、村委会公共场所设置更多的健身场所,以满足村镇居民不同层次的健身健心需求。第三是村镇居民自发组织的健身群体与各种健身协会。这是依靠小城镇农村社区人群之间的相互关系以及对健身的兴趣与爱好,组织成各种健身团队,开展形式多样的健身锻炼活动,自费组织参加体育表演与各种项目的竞赛。因此,村镇居民健身管理的现实状况具有自发性和协同性的特点[2]。

3. 新型城镇化促成农村体育公共服务网络的集约发展

农村基层公共体育服务本身就具有公共物品属性,这种本质规定性

---

① 丁道旭.江苏省农民健身设施建设与长效管理机制[J].南京林业大学学报,2012,（3）：127-131.

② 钟天朗.小康社会居民健身消费需求的特点[J].上海体育学院学报,2005,6(29)：39-41.

必然决定了政府在发展农村公益体育领域方面的供给责任①。因此,农村体育指导、协调、服务、监管成为乡镇基层部门的核心体育职能。新公共服务理论将政府职能纳入社会体育服务职能,而不是"掌舵",其公共利益就是全面提升居民的身体素质;并在大力弘扬公民权和公共服务精神的同时,也进一步突出了其公益性。公益性农村社区服务满足村镇居民的基本健身需求。居民不论贫富、职业和其他差距,都享有公益性体育服务的权利。体育器材设施的质量决定了健身效果的好坏,村镇政府与社会应挖掘更多场地器材满足人们的健身需求。

造成目前村镇居民健身管理难以规范发展的主要原因在于,村镇居民健身管理组织体制不顺畅,具体表现为:第一,村委会或居委会成为名义上管理村镇居民健身工作的组织,在实际的操作中,仍然存在某种程度的"恋政情结",依旧依靠上级政府部门推动实施,出现大政府小社会的特征,因而条块分割、各自为政的现象时有发生,缺乏合理有效的管理体制保障,没有活力与多样性。第二,随着社会主义经济体制的发展与改革,小城镇体育自治是村镇体育发展的理想目标。由于村镇体育组织网络发展还处于初始状态,村镇体育组织的能力不足以及人员组成结构不协调等因素,客观上阻碍了农村体育组织网络建设。第三,我国村镇社区组织体育活动的积极性没有充分调动,市场作用发挥不够,农村社区体育健身资源的合理配置机制有待完善。

村镇居民健身管理包括5个层次,第一个层次是村镇居民健身会所规模管理,规模较大的村镇运动健身会所数量较多;而规模较小的村镇其健身会所数量较少,这是和村镇健身市场规模紧密结合的。第二个层次是村镇文化站健身管理,其属于政府职能部门,利用自身条件免费对居民开放健身设施,并负责组织居民开展健身活动。第三个层次是村镇居民健身指导站管理,每个村镇都应设立居民健身指导站,利用早晨或晚上开展丰富多彩的健身活动,对其管理要求是能开展指导群众的体育文化活动。第四个层次是居民健身路径的建设与维护,主要依靠体育彩票公益金来建造设施,其覆盖的面积广泛。第五个层次是广场健身活动管理,其特点是可以利用村镇小公园、广场等公共场所进行锻炼。前提是不能干扰周边居民的生活与休息②。

---

① 吴燕波.广东小城镇居民体育健身现状调查与分析[J].广州体育学院学报,2008,7(28):43-53.
② 崔邯鹰.对我国小城镇居民健身状况的调查与研究[J].新疆师范大学学报,2010,3(29):33-38.

4.新型城镇化引导农村居民体育认知水平的提高

认知水平是影响村镇居民参与健身活动的主要原因。不同文化程度的居民健身的意识不同,不同年龄阶段居民健身意识也有所不同。总体上来看,中青年人强于老年人和儿童的健身意识,但是参与村镇体育锻炼者以老人和儿童居多,参与的主体出现"一老一少"的现象。这种矛盾状态产生的原因在于:中青年人由于所从事的工作存在较大的压力,工作时间较长,尽管很多个体能认识到健身的重要,但是客观条件的限制导致参与运动实践较少[①]。村镇女性居民健身认知水平明显高于男性居民锻炼者的认知水平,主要原因在于一方面村镇男性居民在生活中承担更多体力劳动,往往认为劳动就是健身锻炼,对体育健身持消极的态度;另一方面村镇女性居民比男性更关注自己的体形,为了控制体重保持身体形态,女性居民更愿意在空余时间参与体育健身活动。因此,应抓住锻炼人的心理对症下药,确保每个锻炼者都各得其所。健康的体魄可以促使人对健身认知过程的发展,尤其是农村乡镇居民,参与体育健身活动与其认知水平密切相关。

(三)在新型城镇化进程中逐步实现农村体育现代化

农村体育现代化是在农村社会现代化的发展进程中,以改善农村居民体育文化方式、提高生活质量为目的,并指向农村体育文化未来发展目标的动态发展过程。农村体育现代化反映了农村体育文化发展的理想目标与未来趋势。因此,农村体育现代化包含两层基本含义,既指农村体育文化发展所达到的水平和状态,也指为实现农村体育文化发展目标所进行的能动的奋斗过程。农村体育现代化的发展历程,将建立在农村新型城镇化的成果基础之上,并与新型城镇化的建设进程交织在一起,为农村新型城镇化建设作出贡献,最终实现农村体育现代化与新型城镇化建设的同步发展。

1.健全农村体育公共服务的组织网络

全面实施农村体育文化实践需要建立相应的组织体系,主要由各级政府职能部门、社会团体、企业集团、行业组织、各级学校等构成行政化与非行政化相结合的网状结构。其管理模式应"由政社高度合一的管理模式向政社分工合作的治理模式转变,由一元化的管理模式向多元化的治

---

① 何玲.浅谈我国体育管理体制的改革趋势[J].首都体育学院学报,2006,7(18):92-94.

理模式转变,由行政强制型管理模式向公共服务型治理模式转变"①。重要的是组织体系中的各方要把组织农村体育文化实践活动纳入各自的工作规划、计划、实施方案之中,并付诸实践行动。组织体系的主导是各级政府职能部门,应采取各种手段加强组织成员之间的信息传输、沟通、联络、交流与合作。组织体系中的各方要保证重点,统筹发展。重点是"统筹城乡发展"。开展城镇体育文化和农村体育文化统筹协调进步,要让城镇发展带动农村体育文化发展,实现城乡体育文化的"一体化",达到共同繁荣。实践证明,只要组织体系中的各方发挥应有效率,各项体育文化实践活动就会创建广阔的市场、创新丰富的内容与资源、产生高水平高质量的成果,就会创造推动社会整体进步的价值。

2. 加强农村体育健身指导的管理与服务

我国农村社区体育健身计划开展多数处于自发状态,除了缺乏相应的基础设施和健身场所外,最重要的是缺乏有专业知识和技能的社会体育指导员等元素。中青年人群嫌健身层级过低,不愿意或不想参加,青少年人群缺乏有效的指导,健身效果和频率并不理想,健身形式和维度还有待进一步提高。农村社区应当正确认识社会体育指导员在农村社区体育健身指导事业中的重要作用。为了促进农村社区体育健身的开展,农村社区应当积极探求社会体育指导员的培养模式,社会体育指导员的培养质量对于正在积极开展的农村社区体育健身事业的发展具有重要的探索意义和现实意义。因此,做好农村社区体育健身指导管理工作,既可以使农村社区居民形成一个崇尚体育健身、积极向上的新风尚,又将"体育生活化"理念逐渐深入广大农村社区之中,使更多的农村社区居民参与农村社区体育活动,加入全民健身行列,共同为健康起步,构建良好的和谐社会。

做好农村社区体育服务工作,有助于引导和鼓励农民在健身社会服务活动中,提高人际交往的能力。有利于居民形成主人意识和家园归属感;使农村社区内的人们互相帮助、互相支援,以形成良好的人际关系。农村社区服务管理工作以服务居民、建设和谐农村社区为目标,以建设管理有序、文明祥和的新型农村社区为重点,农村社区服务功能不断完善,星级农村社区创建工作稳步推进,农村社区建设工作有了新进展。农村体育社会服务应以实施健身服务项目为重点,项目应该符合有市场、有需求、有发展、有潜力的总体要求与条件,乡镇政府给予一定的资金支助或

---

① 张榕明.中国民间组织参与职业技术教育的实践探索[J].中国职业技术教育,2012, 6.

给予免税等政策性扶持,可以申请各级政府产业引导资金,使其逐步实现产业化经营与管理。对于乡镇文化站、文化体育中心、农民健身俱乐部等公益性的体育服务项目,可以通过行政补贴、接受赞助、会员费等方式,实施管理维持其正常运转。对于乡镇残疾群体的体育服务,可通过政府支付、企业扶持、协会服务的方式实施管理与服务。通过这些途径发展村镇社区体育指导与服务,维护社会的公平,完善新型城镇化背景下农村社区体育的管理。

3. 打造各类体育文化精品

体育文化实践精品拥有鲜明健康的思想内容、丰厚扎实的生活底蕴、强烈浓郁的时代气息,它代表着先进文化的发展方向,是广大群众所喜闻乐见的作品。这种作品不仅仅是指有形的,也包括无形的。有形的如全运会、农运会、城运会等体育赛会的开幕式大型团体体育文化表演,以中国元素为核心的、融合世界其他民族文化,展现体育文化的魅力。再如具有地方特色的民族民间体育文化实践活动,像东北的秧歌、云南的民族民间体育舞蹈,等等。无形的有中国特色的养生方式,追求身心合一的传统体育文化品牌,受到广大群众的认同和喜爱。例如,北京奥运会首创的"科技奥运、绿色奥运、人文奥运"的世界体育文化品牌,等等。体育文化实践精品反映出国家与民族的文化精髓,具有教育性、传承性、社会性、民族性与创新性的社会文化促进价值。因此,通过制定精品规划、实施精品战略、构建精品工程、开拓精品市场、创建精品专利、组织精品博览会、挖掘精品资源、开展国际交流、培养精品人才等途径,造就一大批具有国内外影响力的、能为人类生存与发展起到积极作用的体育文化实践精品,向世界传播和展示中华民族精神面貌和礼仪之邦的无穷魅力,展示现代中国生机勃勃、充满青春活力的体育文化形象。

4. 实现新型城镇化背景下农村体育文化的多元化发展

体育文化实践的多元化发展既是指不同种类体育文化的相互渗透,又包括体育文化与其他文化类型的相互融合过程以及通过汇集、共生、移植、联结而生成新的体育文化实践形态。农村体育文化实践的过程中既可能有自发的因素,更有自觉积极的因素。农村体育文化是社会文化系统中具有相对独立性的文化类别,它与市场经济发展相适应、不断展现体育自身的社会文化价值。农村体育文化实践的多元化发展主要是根据体育的特质,有针对性、选择性地引入其他文化实践的范式,通过优化组合与合理改造,体现竞争性、娱乐性、表演性、礼仪性的时代风格,形成积极的、平衡的、生态的、大众化的农村体育文化系统。如健美表演、运动技艺、时尚街舞、运动时装、运动书法、艺术太极、武台攻擂、娱乐竞技、广场文化、体育资料、极限运动、休闲运动、体育舞种、体育旅游,等等。

在众多的社会文化项群结构中,能与运动方式联结、有益于人的身心健康、具有文化元素的各种实践方式,都可以作为农村体育文化实践的基本内容。这种多元文化的相互共存、相互融合、相互生成的过程与结果,能够保持农村体育文化实践始终在公平竞争、健康促进、相互协调、充满活力的时空中可持续发展,而且可以促使农村体育文化走向一种富有时代性的、个性的生存形态。

三、加强新型城镇化进程中的农村体育文化建设

(一)提升新型城镇化背景下农村体育文化的内涵

新型城镇化建设进程带来了农村体育文化内涵的深刻转变。理解农村体育文化实践的内涵应从"文化"的内涵开始。广义的"文化"是指人类的一切活动及其结果。它不仅包括精神文化,也包括物质文化。在一般意义上,人们所理解的"文化"范畴特指人类的精神文化,是指人类的精神活动及其产品的总称。因此,农村体育文化实践包括农村社会体育意识形式和农村居民的体育习惯、体育价值观、体育文化思维方式等。在人类的体育实践活动中,凡与体育精神文化关联的所有体育实践活动,都应属于体育文化实践活动。因此,从泛义上理解,农村体育文化实践活动既包括了村镇人群创造、传承、复制、开发和推广各类体育文化"产品"的活动,同时也包括村镇人所从事的农村体育实践活动[①]。

人类是以体育文化实践活动的形式承载体育文化。农村体育文化实践活动的内容不仅包括农村体育实践思想体系和体育科学理论等理性的研究,也包括以运动形象为特征的运动文化活动。毛泽东在《实践论》中指出:"人的实践,不限于生产实践一种形式,还有多种其他的形式,阶级斗争、政治生活、科学和艺术的活动,总之,社会实际生活的一切领域都是社会的人所参加的。"在这里,毛泽东所说的"科学和艺术的活动"也包括体育文化实践活动[②]。农村体育文化反映的是农村体育蕴含的运动与生活文化,是一种特殊的、本土性的文化流变规律。农民在农业生产劳作

---

① 蒋荣,曹晓东.体育社会科学研究实践的形式[J].南京体育学院学报(社会科学版),2009,23(1):35-37.
② 蒋荣,曹晓东.体育社会科学研究实践的形式[J].南京体育学院学报(社会科学版),2009,23(1):35-37.

中,应用体育的各种手段使生活行为和运动实践过程,更能展现中华民族传统体育文化的力量与审美价值,以追求群体与个体身心健康为终极目标,以运动参与和运动技能产生内在的运动思想文化与实践行为。农村体育文化的本质是以体育文化实践为主体,发挥"体为人本"的功能。它突出了人同自然竞争的能力、人同社会协调的能力以及人自身发展的能力。而且,这种能力必须通过运动文化实践才能获得。

(二)拓展新型城镇化背景下农村体育文化的范畴

1.体育理想升华

农村体育文化实践的本质任务是促进农村居民树立体育理想,形成体育习惯。"天人合一,以人为本,刚健自强,以和为贵",是中国传统体育文化理想的追求[①]。人的理想凝聚着对未来发展水平的提升与期盼,是在对现实深刻反省与理性判断的基础上,把人文主义哲学思想贯穿在超现实的批判过程之中,并在对现实发展趋势的判断中,科学设计奋斗目标。农村体育文化是构建和谐社会所需体育精神资源的重要组成部分,承载着"提倡公平竞争,追求美与崇高""更高更快更强"的理想与精神。农村体育文化理想集中体现在农村和谐文化建设、农民健康体质发展、农村传统美德传承、诚信行为规范等方面,具有中国文化的"深度"价值导向。农村体育文化的不断"放大"与拓展,体现了和谐体育理想的"文化觉醒"的普及程度。要在传承中国传统的体育文化理想的基点之上,发掘与汲取西方社会人本主义体育文化理想的精髓;从西方体育文化理想中吸取营养,尊重平等、崇尚规则,追求公平与公正,培育人们服从体育文化理想的自觉性,积极参与运动实践,不断获得生生不息、蓬勃向上的内在与外在动力,踏实追求与树立积极进取、奋发向上的人生价值理念。增强人们的体育文化认同感,自发在追求体育理性与实践价值中,领悟体育文化对于实现体育理想的"效能"。

2.体育道德建设

农村体育文化实践的另一主题是体育道德建设。体育道德在体育实践中处于导向地位,具有显性的约束力,即使是在体育法规与规则未作明确定论或解释的"范域",甚至在套用与执行相关法律处理体育事件的过程中,同样可以利用与发挥道德的调节控制作用。体育法规体系必须建

---

① 赵溢洋,刘一民.论体育文化理想的和谐诉求[J].武汉体育学院学报,2008,42 (11):14-18.

立在体育道德目标、价值与规范的基础之上,奠基人的体育交往行为准则,才能履行体育行为主体对利益追求的监管职能。道德建设的实践过程是在社会物质条件和复杂多变的环境下,通过运动行为教育和社会体育实践活动,以及个体为基本单位的自觉修炼而逐步养成的,同时也对应社会道德的发展。由此,对参与运动、关注运动的人的体育道德意识与行为的评判,已经融入了国家法律制度的范畴,逐步进入农村社会教育与农村体育文化的视线,从这一层面上分析,体育道德建设已是具有普遍意义的关联性研究,而不是"就事论事"的农村体育道德建设。

3. 体育法制保障

农村体育法制文化是体育文化的重要内容之一。改革开放以来,中国体育法制文化在形式、内涵发展上有了新的跨越,初步形成具有中国特色的体育法制文化发展形态与结构。首先,农村体育法制文化要坚持体育法制与国家法制相适应,全面、系统、协调地推进农村体育法制文化建设。在国家法制文化建设的轨道上,结合农村体育事业的发展,强化农村体育法制文化建设。其次,要与体育改革发展的目标保持统一性,保持和优化体育法制系统内部的合理配置,为农村体育改革与发展提供法制保障。最后,要通过农村体育法制教育宣传、农村体育法制文化活动、体育法规修订及反馈、农村体育法制监督机制等路径,坚持以人为本、切实维护和保障农民体育权利。但是,我国农村体育法制建设仍然有待健全,处于法治边缘状态,与农村体育改革与发展的新形势不相适应。因此,中国体育法制应在国家民主法制发展的进程中和依法治国方略的引领下,逐步加强农村体育法制文化建设,拓展农村体育法制文化的实践"疆域",为农村体育全面实现现代化发展奠定坚实的法制基础。

4. 体育科学传播

体育科学传播是农村体育文化的重要组成部分,旨在促进农村居民理解体育科学,侧重弘扬体育精神、传播体育思想、倡导科学的体育方法、普及体育科学知识。农村体育文化是具有传统特色的活文化,而不是虚拟的体育文化。因此,农村体育文化具有极高的传播价值,具有动态的、时代的发展特色。农村体育文化实践要从体育科学传播中寻求着陆点,形成多渠道、多元化的格局。体育科学传播不仅是体育科技知识的接受与报道,而且体育科技含量不断增长、形成科技推进方式,创造了更大的社会效益。体育科学传播能促进社会体育的发展,丰富人们文化生活实践,挖掘人们的运动智慧。然而,当前需要着力解决体育科学传播过程中存在的观念更新、资金投入、硬件设施、宣传公关、新闻策划、媒介传播、市场运作等方面的问题。因此,建立农村体育科学传播体系已成为一项十分紧迫的任务。应该面向社会、面向农民,面向农村,通过电视传播、科教影片、科学讲堂、知识图谱、广告创意、现场咨询、体质普查等多种形式,加强体育科学传播工作,全面提升农村居民体育科学素养。

5. 体育方法应用

科学方法是人们合理地运用各种手段来认识客观世界的总称。它既包括科学应用仪器设备进行测试量化研究,也包括逻辑推理、数学方法、思维方法和理论方法的定性研究与定性转定量研究。具有普遍指导意义的科学方法一般也适用于体育科学方法,农村体育文化实践过程中离不开体育方法的科学应用。如科学方法中的观察法、实验法、文献法等,都可以在体育文化实践中找到"折射之影"。如人们在体育实践中通过观察可以有效地判明各种运动方法对自我的适应性,以保证围绕自我运动目标参与运动实践的学练。当然,不是所有科学方法都能满足体育实践的要求,但是方法被研究得越透彻,它满足这些特性的程度也就越高。体育方法的发展与科学方法的发展具有同步一致的特点,科学新方法的产生就有可能被应用到体育领域。如应用"田野研究方法",在体育学的范域中,"田野研究"不仅是理论研究,更重要的是一种实践研究,符合体育实践性本质的要义。体育科学方法的应用也具有继承性与独立性的特质,即在社会与人的运动实践行为过程中凸显社会文化、人文环境、教育价值、主体发展等,这种运动实践行为既有应用体育方法的成分,又有追求农村体育文化实践效益的成分;旨在促进农民掌握科学、适用、便捷的体育方法。

6. 弘扬民族体育文化

弘扬民族体育文化是农村体育文化的主体内容。民族体育文化印证了民族文化演变与发展的过程,从一个侧面展现了本土文化的积淀与优势。农村民族体育文化是通过具体的民族特色的运动项目表现的,这些项目内容丰富、风格独特、结构复杂、形态各异,成为各民族文化的标志,如游牧民族的赛马、摔跤、叼羊、射箭等。提起这类民族文化,自然会想到具有象征符号意义的民族体育文化项目。由此可见,农村民族体育文化是整个民族文化要素中最活跃、最积极、最直接、最广泛和最深远的重要组成部分。当前,农村民族体育文化面临的挑战主要表现在竞技文化冲突、民族体育文化非生活化、民族体育文化的传承等方面。随着奥林匹克运动的全球化,现代竞技文化的日益扩张,进发东西方体育文化价值的碰撞,各民族的文化信仰、归属意识、价值体系受到外来文化的排斥与冲击。

由此,应通过农村民族体育文化传承保护,主要包括申报国内非物质文化遗产、挖掘与整理民族体育文献、推广与应用民族体育项目、开展少数民族运动竞赛、组织民族体育项目展演、发展民族体育文化产业、举办民族体育项目国际交流、利用电视、电影、报刊、互联网等大众媒介宣传民族体育文化、激励家庭与农村乡镇传承民族体育项目等路径,全面建构传承与改造相结合的具有创新价值的民族体育文化"共同体"。

7. 发展体育文化产业

体育文化产业是农村体育文化的高级形态,对支撑农村体育文化实践起着"中流砥柱"的效能。体育文化产业与科技加工手段和商业营销理念揉合在一起就会爆发出巨大的经济效益,成为一种硬实力。农村体育文化产业可比作一种具有促进体育商品生产与流通、拓展国内外体育市场、得到国内外共认的品牌产业,成为体育经济增长极。它以文化产业为依托,生产有形与无形的体育文化产品,如体育形象设计、体育文化创意、体育艺术产品、体育文化交流、体育出版、体育竞赛表演、体育媒体、体育艺术展演、体育健康博客、体育旅游、体育设施,等等。体育文化产业是一个国家或地区特色文化的体现,同时又是其社会经济发展的基础。在农村体育中发展体育文化产业,一方面主要是为农民提供丰富的体育文化精神产品,不断满足农民日益上升的的精神需求;另一方面迅速提升农村体育文化产业的核心竞争力,科学构建农村体育文化产业发展的格局。农村体育文化产业发展具有区域特色,要发挥区域优势,必须从体育投资、体育设施、文化传媒、文化消费、人力资源、生活质量等要素,通过产业体制创新、产业发展规划、体育产业园区、体育文化品牌、优化产业市场、产业国际战略、改善人才结构、产业改造升级等途径,打造具有中国特色的区域农村体育文化产业体系,不断强化农村体育文化的经济发展价值。

8. 建设农村体育文化工程

建设体育文化工程是农村体育文化实践的一种重要形式,是发挥体育在精神文明、物质文明、道德文明建设中的重要载体。建设体育文化工程要全面理解"代表先进文化发展方向"的深刻内涵,正确把握农村体育文化工程的建设目标、内容与方法。农村体育文化工程建设要以科学发展观为指导,以育民、乐民、惠民为宗旨,坚持科学传承与开拓创新相结合,全面推进社会主义文化大发展大繁荣的战略目标。建设农村体育文化工程的类别十分丰富,具有社会性、层次性、特色性等特征。农村体育文化工程的内容门类众多,如体育文化活动系列、建设体育场馆设施系列、出版体育科普系列、网络体育文化系列、单项体育主题系列等。建设农村体育文化工程的主要方法是依靠政府的"台柱"支撑,强化投入保障机制,充分发挥公共财政的主导作用,把体育文化工程建设所需资金列入财政预算,同时,出台优惠政策,吸引社会资本支持体育文化工程的发展。由此可见,体育文化工程是一项效益显著的系统工程,建设好这项工程对于促进农村体育为社会发展服务,实现体育文化实践的可持续发展具有十分重要的现实价值。

9. 农村网络体育文化建模

农村体育文化实践中的网络体育文化具有信息化与时代性的特征。加强网络建设和管理,有利于营造良好网络文化。建设具有中国特色的农村体育网络文化的根本出发点是公民可以在互联网上能够选择更多的体育文化信息,获取更多的体育知识,为丰富文化生活,提升生活质量服务。目前,我国中文体育网站数量逐渐增多,许多大型网站设立体育专页,其内容大都是国内外运动竞赛信息,且娱乐性的体育新闻占据专页的大量空间。而实质上公民除了需要这些娱乐性的体育信息之外,更需要与个体相关的健身指导、运动康复、健康文化、国内外民族体育风情等。因此,现行体育网络远远不能满足农民对现代体育信息的需求。利用网络传播农村体育文化是人、信息、文化相融合的现代实践方式,必须重视这一实践方式在构建农村体育文化服务体系,形成中国特色农村体育文化实践模式过程中的"平台"效能。为了优化过程,可以通过增加体育网站数量、建立网上体育文化服务平台,综合开发与利用网上体育文化服务资源。政府相关管理机构要将公共体育文化服务网络与体育产业服务网络分离,根据各自的职能在法律规范下开展农村体育文化网络服务。要大力提倡公民个体参与农村公共体育文化服务网络建设,形成具有个性化的、适应居民需求的、高水平高质量的农村体育文化服务网络体系。

(三)农村体育文化是实现"人的城镇化"的重要手段

以人为本是科学发展观的核心,而以人为本就是要以人的全面发展为本。新型城镇化的核心在于人的城镇化。坚持以农民为本,就是要以实现农民的根本利益为发展目标,从农村乡镇群众的根本利益出发,通过新型城镇化建设过程,培养具有现代社会素质的新型居民。只有村镇居民个体得到全面发展,新型城镇化建设与发展才有主体力量与不懈的动力。农村体育文化实践的主体是人,受益者也是人。全面实施体育文化实践的过程是服务人、尊重人、教育人、发展人的过程。因此,要以马克思

"人的全面发展"的重要思想为农村体育文化的指导思想,在农村体育文化实践中真正把促进人的全面发展作为实践科学发展观的本质与核心。孔子认为:"君子和而不同",这是人们应该遵循的社会处事准则。"和而不同"是要认可"不同",对不同的个体利益与群体利益、不同的利益需求与利益形态、不同的生活观念和生活模式都要尊重,必要的是对各种"不同",采取协调方式,和谐相处,以体现"老吾老以及人之老,幼吾幼以及人之幼"(《孟子·梁惠王上》)之理。可见,追求人的和谐共生是中国传统文化的主流思想。和谐的体育文化实践建设要"注重促进人的心理和谐,加强人文关怀和心理疏导"。因此,积极地将和谐体育文化实践活动融入人的全面发展过程之中,能够有力地提升村镇人群的体育精神、体育道德、体育技术与体育能力。

农村体育文化是农村文化整体事业中不可缺少的重要领域。农村体育文化建设是新农村现代化的重要体现。农村体育文化是指生活在农村区域的人群在从事体育活动相关的物质生产和精神生产的过程中,所形成的具有浓厚地域特色的基础设施、价值观念、心态、精神、风俗习惯和道德规范等的总和。然而,由于种种原因,很多人对新型城镇化发展中的农村体育文化建设不了解,这大大影响了农村体育文化功能的发挥。因此,需要在社会文化发展的视角下,系统地分析农村体育文化实践的内涵、价值、范畴与路径,探讨与研究农村体育文化实践的基本规律,建立理论支撑与实践体系,着力提升体育文化在新型城镇化发展中的潜在功能,赋予更加充分的发展空间,形成中国特色的农村体育文化实践模式。

（四）完善新型城镇化进程中农村体育文化的实践策略

1. 转变观念

坚持"以农村居民为本"的农村体育服务核心价值观,以农村体育科学发展为指导,促进统筹乡镇体育全面发展的实践创新。只有不断更新体育观念,解放思想,才能提高农村城镇居民健身的积极性,才能推动村镇体育事业的改革和发展。随着农村全民健身工程的升级,重点抓住利用各种信息平台对广大农民的健身宣传工作,提高农民群体对健身健康的认知水平与体育意识,形成人人参与体育锻炼的生活习惯。通过全民健身专题讲座、农村社区健身宣传(黑板报、宣传展板、宣传手册、组织观看视频等)、全民健身日、全民体育科普日等,切实更新村镇居民的体育观念,接受新的体育思想,开展"我运动,我健康"的阳光体育活动,使现代体育观念真正走进农村乡镇健身锻炼队伍之中。

2.明确主体

所谓"农村体育的主体"是指在农村乡镇从事体育活动的人,它是相对于"农村体育"这个客体而言的。由于农村是农民或农业人口的居住地,因此人们往往认为,农村体育的主体应该是"农民"。诚然,农民在农村地区占据了大多数,但许多从事农业生产与劳作的人,往往并无太多闲暇参与农村体育活动;此外,在农村居住的人不仅仅是农民,还有一部分的非农业人口,特别是在县城或乡镇。所以,认为农村体育的主体是农民,这种观点并不全面。准确地说,农村体育的主体,应该是"农村居民",它不仅仅包括农民,还涉及农村的学生群体、乡镇企业的职工,还有一些农场或农村乡镇的退休老年人群体。一般来说,体育活动的参与群体还是以青少年居多,而农村的青少年,大多集中在农村学校里,因此,农村的学生群体,是农村体育的重要参与主体之一[1]。农村乡镇企业的青壮年职工,是农村体育的另一重要参与群体。走进农村乡镇企业参观,除了整齐的厂房之外,还经常看到水泥篮球场和乒乓球台。参与体育活动是乡镇企业职工业余文化生活的重要形式与手段。农村乡镇企业管理层也乐于借助这样的形式来弘扬企业文化、凝聚职工的团队意识。

3.组织活动

村镇居民健身组织活动是村镇健身文明之窗,是人们参与体育活动的前提。首先,要以增强自身健康为目的,积极落实全民健身计划纲要,形成村镇居民终身体育锻炼习惯。其次,加大村镇居民健身管理组织的缺位补救措施,明确制度完善系统的健身机制,建立完善的村镇管理体系。再次,通过健身项目推广、农村社区街道体育竞赛、节假日体育文化活动、村镇体育志愿者活动、村镇综合性运动会、组织民族民间体育活动等,积极推广实施国家《全民健身条例》,进一步发挥村镇居民健身组织的作用,确保村镇居民的健身落到实处。诚然,农民是农村体育的天然主体之一,但是农民的体育活动,大多表现为零散的、自组织的形式,比如在农田劳作间歇时的角力,打谷场上的摔跤与打拳,收工后的下河游泳,放牧归来的纵马驱驰,山野或林间的狩猎与追逐,等等。农民(牧民)的体育活动有时也会表现出大规模、有组织的形式,比如农闲季节或农村节庆时候,农村乡镇政府会组织扭秧歌、踩高跷、玩旱船、赛龙舟、赛马、叼羊、舞龙、舞狮、拔河等农村体育活动,借以增加节日气氛,庆祝丰收年景[2]。

---

① 夏成前.农村体育若干问题解读 [J].北京体育大学学报,2013,2.
② 夏成前.农村体育若干问题解读 [J].北京体育大学学报,2013,2.

有学者认为农民工也是农村体育的一个主体。本文认为,农民工体育与农民体育一样,是个身份概念,不属于地域概念。农民工体育在很多情况下其实并不在农村地域开展活动,它已经超出了农村体育的范畴,但当农民工这个身份群体回到农村地区参与体育活动,则可以认为它又回归了农村体育,比如返乡农民工组织篮球队、龙舟队参与本乡镇的农村体育竞赛等。

4.科学管理

建立完善的村镇健身管理体系,是村镇居民健身发展到一定阶段的客观要求。建立完善的村镇健身管理体系有助于促进农村体育管理体制改革,有助于促进村镇居民健身管理的层次性。要求做到:第一,建立村镇居民健身管理机构,这一机构由村组、乡镇政府职能部门、村镇企业单位、农民代表、有影响力的体育社团组成。实际上相当于村镇体育工作领导小组。专门负责村组居民的健身工作,通过制定规章制度、工作职责、体育活动计划,实施管理职能。第二,加强对村镇体育工作的检查评比。由县市区政府职能部门对村镇体育工作进行年度专项检查或纳入总体工作检查。配合国家、省、市、县区先进体育乡镇评选工作,以评促建,推动村镇社会体育管理规范化。第三,成立村镇农民体育协会,并使之发育成为农民自我管理、自我教育、自我活动、自我服务的群众性自治管理组织。

5.配套投入,完善体系

要改善村镇体育居民健身的环境,就要加强村镇健身硬件设施的配套建设,可以通过政府投入与社会投入相结合的办法,政府要把村镇体育健身的经费纳入政府的开支预算之中,体现政府对村镇引领作用;可以通过国家与地方彩票收益投入资金;可以通过社会团体投入,建立政府与社会合作型的组织结构,加大公共服务及相关政策投入,发挥社会团体对村镇管理的积极性;可以通过当地村镇的龙头企业,针对不同性质类型的村镇构建不同的健身管理模式,实施村镇居民健身的管理工作链接,着力打造风光秀美的生态体育锻炼环境,改善小城镇面貌,促使村镇居民体育与健身、健心相结合。要充分发挥村镇居民个人主动性,爱护村镇健身场地器材设施,在村镇中居民既是服务对象又是服务主体,形成人人投入、人人运动、人人服务的和谐健身氛围,促进村镇居民自我管理机制的形成。凝聚村镇居民人心,提高思想境界,增强人们的健身参与意识①。

建立完善的村镇社区健身体系,是农村体育发展的内在要求。目前,

---

① 吕立.论小城镇居民健身服务体系的建立与完善[J].体育文化导刊,2004,11:7-8.

村镇居民健身管理体系已经初步形成,应该加大建设与宣传力度,为了提高村镇居民的健身积极性,促使村镇居民健身工作更好地开展,不仅要依靠政府的宏观调控,还需要村镇居民健身者的积极配合,各级政府应不断加强村镇居民健身的认知水平,加大宣传力度,提高居民健身的积极性;加大村镇居民健身的指导力度、组织力度,科学管理,帮助指导居民高效参与体育锻炼。村镇居民应积极响应国家号召,积极参与体育锻炼、增进身体健康。要让村镇居民自己愿意参加并经常参加锻炼,通过参与多种形式多种类型的体育锻炼项目,积极推动村镇居民改善心理状态,增进身心健康。

第三章 新型城镇化背景下农村体育发展特征、形态与走向

一、新型城镇化背景下农村体育发展特征

（一）新型城镇化进程中农村体育的自然生态特征

1. 新型城镇化进程中农村体育的生态性

新型城镇化背景下农村体育的生态系统具有多层次性，可包括体育环境、体育参与人群、体育手段和体育组织这四个要素，系统构成体育生态结构。其中体育组织是农村体育生态系统的关键要素。

（1）体育环境。农村体育环境包括自然环境和社会环境。我国农村体育生态发展系统还处于初始阶段。在农村体育发展过程中必须保持自然环境的生态性，不能人为改变原有的自然地理结构，破坏生态系统的完整性。要创造有利于农村体育发展的社会政治文化环境，彻底转变农民在农村体育社会结构中所处的低层位置，彻底改变农村居民体育权利与地位被歧视的环境状况。

（2）体育参与人群。体育参与人群是指经常参加体育活动的人群，以往体育学研究领域习惯称其为体育人口。本研究认为体育人口是难于统计的模糊概念，而用体育参与人群来描述某地区每周都能参加 3 次以上体育活动的人数比例较为切实可行。《中国大百科全书（体育卷）》指出，实质性体育人口是指直接参加各种身体运动活动每周 3 次以上，每次具有 30 分钟以上参与过程，这是体育人口的最基本特征。其目标是通过有效的身体练习手段，达到增进健康、保持稳定的心理状态，提高运动技能的准确性与经济性，促进人的健康发展。与此相对应，体育参与人群是构成体育生态功能体系的核心要素，在体育生态系统中形成主体作用力量。不同的社会因素、经济基础、职业特点、性别与年龄等因素，都对体育参与人群产生重要影响。目前，我国农村的体育参与人群数量还未达到

现代社会体育群体的基本标准;在体育生态系统中,表现出农村体育参与人群数量不足,质量偏低、零散与无组织的状态。因此,农村体育参与人群的数量与质量是农村体育生态系统能否健康、文明、快速发展的关键因素。

（3）体育手段。体育手段的核心是身体活动,实质上是身体练习或身体运动的具体方法,具有多元化、针对性、个体化的身体练习目标。体育手段具有历史的发展性、传播性、民族性、地区性、继承性等特点,体育手段客观上可以反映社会的文明程度。体育手段在不同国家和不同民族,具有不同特色,与不同民族传统、文化习俗相关。在现代信息化社会中体育手段传播具有国际化的发展趋势。体育手段的产生与自然、地理、社会、劳动生产环境密切相关。体育手段一般可分为:力量练习类,包括一般力量、辅助力量、专项力量、克服自身体重、克服外部阻力等练习手段;速度练习类,包括反应速度、动作速度、速度耐力等练习手段;耐力练习类,包括有氧运动、运动后的恢复、长距离运动、长时间运动等;灵敏练习类,包括协调性练习、改变体位练习、转换动作练习等;功能恢复类,包括康复练习、矫正练习等。体育手段的评定主要根据动作准确性、协调性、熟练性进行判断。

（4）体育组织。体育组织是指在一定的社会环境中,为实现体育领域的共同目标,按照一定结构形式结合起来,根据特定规则开展体育活动的社会团体。在农村体育生态组织系统中,需要具备一定规范、能够动员、组织与协调农民参与体育活动的自治组织机构。其组织的职能是通过社会化的运作方式,接受农民参与体育活动的系统需求,并根据反馈信息给予相应指导的组织。农村体育组织管理方式有团队管理、群体管理、村组管理、社会管理、政府管理等模式。农村体育组织管理主要体现自发性的特征,完全是一种柔性的体育管理方式。在农村体育生态系统的运行中,体育组织的柔性管理作用能够促进体育人群的增长。农村体育组织的刚性特征,在体育生态系统处于失衡状态时,发挥适宜矫正作用,以维持农村体育生态系统的平衡运行。

2. 新型城镇化发展中农村体育的健身性

农村体育的健身性主要着力点在保持广大农民的身体健康,改善与稳定人体新陈代谢的能力,从生理学及生态学角度发挥体育运动的健身功能。

（1）提高中枢系统机能。人体运动的所有活动信息与指令多是由大脑发出。人的大脑占体重的2%,大脑所需氧气20%来自心脏回流量的供应,是肌肉运动工作时 15-20 倍的血液量。对于体力劳动者,尽管从事各种方式的劳动而消耗体力,消耗能量,身体也在运动,但由于劳动方式的局限性,机能活动的特点是憋气用力,呼吸急促,容易导致大脑缺氧而供血不足。通过一定方式的体育运动调节,运用自然的运动方式活动身体,一方面能够改善大脑供血、供能、供氧状况,促进大脑神经系统兴奋与抑制的合理节奏,兴奋和抑制过程可以调控,运动过程的神经均衡性和灵活性更加协调一致,身体对外界不同程度的刺激反应更加迅速与准确。另一方面运动神经系统分析、贮存、输送与综合能力得到加强,促进有机体系统的整体工作能力提高。

(2)改善村镇居民运动综合能力。人体骨骼系统支撑着身体重量,其变化对人体形态具有十分重要的影响,对人体内脏器官的功能维护、提高劳动能力和运动能力都具有直接的影响。人经常参加体育运动活动,可促使骨密质厚度增加,骨骼变粗变壮,骨骼抗击弯曲、抗击折断、抗击外压的能力提高。人体运动需要不同部位的肌肉工作来完成的,肌肉发达而结实能提高生产劳动能力。运动一方面可以增强肌肉的血液循环;另一方面可以增加肌肉内部的营养供给,促使肌肉纤维变粗有弹性,有更多能量储备,适应生产劳动的需要。健身运动能促进人体内脏器官机能的提高。人体劳动过程中能量消耗增加,新陈代谢旺盛,加速血液循环,但主要从局部体现功能。而呼吸系统、血液循环系统、消化系统、运动系统的综合机能要通过体育运动得到改善。

(3)调节村镇居民心理状态与社会适应能力。经常从事运动实践活动可以调节人的心理和情绪。劳动过程会使人紧张烦躁,心情不舒畅,精神不愉快,导致意气消沉和情绪沮丧。通过体育运动能改善人的心理状态,保持心理健康的稳定性。人在酷暑、严寒、高山、高空等条件下从事劳动活动,需要对外界环境的适应能力。健身运动可以促进人体适应现代工作与生存生活方式的变化,不断地提高劳动与工作效率。尽管人体从"胚胎—生长—发育—成熟—衰老—死亡"是自然的、不可变的客观规律。但是,个体的体质健康水平与社会适应能力,可以通过运动实践活动得以加强。

3. 新型城镇化进程中农村体育的教育性

新型城镇化发展背景下发展农村体育离不开教育。县城与县域中心镇应发挥农村地区教育中心的职能,普及体育健康知识。随着农民工返乡率的升温,农村乡镇人口有所增加,一定程度上导致城市"文明病"逐渐向农村蔓延,因此,加强对农民健身健康教育刻不容缓。

（1）发挥学校教育的积极作用。对农民开展健身健康教育,应当依靠学校力量。学校体育师资一般接受过体育专业教育,具备健身理论基础,通过学校开展农民健身教育,如举办健康知识讲座与咨询,开展农民体质健康测试,编写健身健康宣传手册等,都可以由学校负责组织完成。乡镇所在学校可实施"体育三下乡"、送体育知识与技能进村组、农民健康知识讲座与咨询等活动,开展体育科普宣传教育,促使农民懂体育、懂健康、懂健身,自觉地抵制抽烟、酗酒、赌博等不良生活方式,消除农民中未富先病、小富大病等不良状况。指导农民开展有丰富文化内涵的健身方式,开发与利用各种健身资源,全面提升农民的精神风貌和身体素质。

（2）加强农村体育骨干的培养。对农民开展健身健康教育,文化体育骨干有很大的推动作用。广大农民健康意识、健身意识、运动意识的提高,一方面与客观现实的物质生活条件密切相关;另一方面与自我健康水平以及体育兴趣习惯养成相关。农村体育骨干可以利用自身体育优势与特长,开展村组农民辅导与帮助,积极借助扶贫活动等形式,进行广泛的全民健身宣传,以增强农民参与体育健身的意识。通过组织村镇居民健身实践活动,调动农民参与全民健身的积极性。创设适合各地实际、适应农民年龄特点、性别特征以及体现民风民俗的健身项目,带动和吸引广大村镇居民参与科学健身实践活动。

（3）强化农民健身的自我教育。新型城镇化建设背景下,各级政府惠农政策实施,给广大农民带来富裕、便利、休闲的生活态势。由于生活方式的休闲娱乐化,不可避免地产生城市化生活中经常出现的肥胖症、心脑血管病、糖尿病、高血压、高血脂、恶性肿瘤、精神疾患等类病症。因此,营造积极良好的农民健身氛围十分重要。要强化农民健康知识教育,指导农民运用运动处方、体能测试与评价手段科学健身,引导农民改善生活娱乐方式,形成全民健身的良好氛围和优良风尚。让广大农民真正体验到全民健身乐在自我、享受自我、健美自我、运动自我、健康自我,给村镇居民自我健身过程带来显现的诸多益处。

（二）新型城镇化进程中农村体育的社会文化特征

1. 新型城镇化发展中农村体育的社会性

农村体育社会化发展趋势是社会主义市场经济发展过程中的必然要求,是社会生产力提高到特定阶段的结果。现代体育运动已经深入农村社会的各个阶层以及个体与家庭之中。社会主义市场经济的快速发展,促进社会生产力的进步,促进人们物质生活条件好转。尤其是农村从贫困状态向生活富裕状态转变,广大村镇居民在享受生活质量提高的同时,也要面对新型城镇化与农村经济发展所带来的社会生活方式的转变。

（1）农村社会集体发展的需要。农村社会集体是发挥一定社会职能,完成特定社会发展目标,并按照一定的形式建立共同生存与活动的群体。农村社会集体在社会性质上具有较强的宗法性,按照血缘亲疏关系产生权力影响;在社会集体结构上具有单向性,主要按习俗组织活动,而法定组织活动较少;在社会职能分工方面不够明确。随着农村社会集体的演变,其组织形式、组织结构和系统功能发生了复杂的变化。农村社会集体成员的素质对提高农村社会群体经济产生的市场化竞争力具有独特的效能。新型城镇化发展过程中,需要利用体育手段与方法培养农村社会集体的凝聚力、吸引力和感召力,积极探索农村社会集体体育服务,共同开发农村体育资源,促进农村体育事业发展。

（2）农村居民个体发展的需要。农村体育的根本目标是提高农民群体全面发展的素质。农村居民通过各种体育活动、各类运动竞赛,培养自我竞争意识、自我创新意识、协作精神以及爱国热情,促进村镇居民个体成为一个个生动的社会角色,激发他们参与体育的主观能动性,以饱满的热情为自我发展投入农村体育行列。农村体育社会化与新型城镇化建设应该同步发展,体育活动要成为村镇居民日常生活的一部分,丰富业余体育文化生活。村镇居民个体要采取切实行动,提高自我体育意识、自我体育行为与自我体育习惯,促使村镇居民在自主性的各项体育活动中体验自我的生存价值。

（3）农村新型城镇化发展的需要。当前,农村新型城镇化对体育发展的要求愈来愈高。新农村城镇化建设的深入,农村经济、文化和科技的快速发展,给农村城镇化提供新的发展机遇。通过实施新农村全民健身工程,丰富农民的业余体育生活,优化农民的体育生活方式,建立和形成社会主义农村体育新风尚。农村体育是农村城镇化过程中的显性标志之一,如体育基础设施数量与开放程度、举办农民体育健身技术培训班、组织农民体育竞赛活动、兴办农村体育经营服务产业、运用现代媒体及体育场馆和文化馆(站)宣传设施,宣传体育在农村城镇化发展中的地位与作用,广泛地组织具有农村特点的群众性体育锻炼与竞赛活动,全民提升农民的体育欣赏及参与层次,有助于又好又快地推动我国农村体育事业和"两个文明"建设。

2.新型城镇化发展中农村体育的文化性

农村体育文化所展现的是农村文化现代化的发展趋势。促进农村体育文化建设实现可持续发展是新型城镇化建设中文化发展的重要内容。

（1）农村体育文化建设的价值。培育新型农民的重要基石是加强农村体育文化建设，体现"以农民为本"的科学指导思想，从根本上把有效地促进每个农民个体的综合发展放在首位。当农村体育文化建设成为文化建设的实际命题时，必然要以和谐文化与先进文化发展观的核心价值体系作为认知基础。农村体育文化特质反映，必须快速推进我国城乡间经济、社会、文化、体育之间的协同发展。农村体育文化建设要与农村民间、民俗、民族文化传统相协调；与农村原生态的、固有的价值体系相融洽；与不同区域农村地理环境、气候特征相和谐；与农村产业经济发展程度相匹配；与农村传统体育文化形态一致；与农村节日庆典体育共生；与小城镇体育发展相互交融；与农村学校体育相互促进。农村体育文化建设要遵循体育事业与文化事业发展的规律，充分体现农村体育事业的文化和谐价值。

（2）农村体育文化建设的内容。农村体育文化建设中可以显现的有利条件是现代农民的自身需求。第一，要通过保护民间体育非物质文化遗产，培养民族体育和民俗体育的传承人，保护、挖掘、拓展、创新农村"原生态"体育。第二，保护农村现有的自然体育生态环境，适度开发和合理利用农村自然与空间，利用生态的山地、湖泊与森林植被，建设田园式自然活动场所，并大力推广"生态度假旅游""生态休闲农庄""农业生态体育游""农村徒步越野游""户外运动与训练""定向越野运动""自然极限运动"等。第三，加强农村文化体育人力资源开发与利用，培养农村体育文化表演人才、社会体育指导人才与农村体育产业人才队伍。

（3）农村体育文化建设的主体。新农村建设最高的价值目标是农民的生存与发展，这是实践科学发展观的内在要求。农村体育文化建设是提高亿万名农民文化素养的基本路径。切实保证农村利益主体享受改革开放的和谐成果；切实改善农民体育文化生活环境；切实提高农民的体育道德素质与体育科学文化素质。因为农民才是真正的农村文化发展主体，是建设社会主义新农村的根本力量，是新农村民族体育文化的践行者，农民道德素质、科学素质、文化素质、体育素质的高低，是推动农村新型城镇化建设的重要因素。

3. 新型城镇化发展中农村体育的民族性

民族传统体育文化是农村体育发展的重要基石。农村体育文化的传承与进步离不开民族传统体育文化的动力作用。农村民族传统体育具有广泛的群众性基础，是民族文化、民族团结、民族经济的有效载体。

（1）新型城镇化建设中的民族体育价值。体育的民族性内质主要有：民族体育体制、组织、传播、范式、技能、演练、理论、传统习俗等。应在新型城镇化背景下农村民族体育文化建设过程中，创新开发民族体育的价值体系。第一，教育价值。由于历史的原因导致农村居民的基本生活水平偏低，文化程度、文明习惯、生活方式有待全面提升。农村民族体育项目具有广泛的参与度，可利用农闲季节、节假日、民族传统节日开展具有地方特色的民族体育活动，并对农民进行传统体育文化教育，有利于移风易俗，丰富农民文化生活，促进农村的和谐与稳定。第二，经济价值。农村组织民族体育竞赛活动，开发与民族体育相关的旅游业，将原来封闭的山乡村镇与外界相通，能够显示民族体育对农村经济发展的促进作用。第三，文化价值。农村民族体育文化既蕴含着显性的物质文化，又体现在内隐的精神文化方面。"天人合一、万物一体"的民族传统体育思想是具有魅力的文化境界。

（2）新农村体育建设中的民族体育内容。农村民族传统体育主要来源于生产劳动和生活实践。农民在长期的生产劳动中积累了十分丰富的各种运动形式，创造了不同内容、不同民族、不同种类的民族传统体育，形成了具有中国民族特色的传统体育文化。如蒙古族的那达慕、侗族的三月三、朝鲜族的荡秋千与踏板等。我国十分重视农村民族体育的发展，其中典型民族体育项目经过改造、加工、整理，现已成为各民族广泛开展的运动项目，如中国传统的民族体育项目武术、太极拳等。

（3）新农村文化建设对民族体育文化的促进。新农村文化建设是社会进步的有效策略和优化方法。民族传统体育是农村传统思想文化与实践文化的组成部分，来源于农民，也应该服务于农民。在新农村文化建设的过程中，不断地加强对民族传统体育项目的传承、挖掘、改造、移植、整理和推广，不仅传承优秀民族文化传统，而且创新与发展属于世界的优秀体育文化。农村新型城镇化建设将会对振兴民族传统体育起着积极作用，努力开发与利用民族传统体育文化资源，弘扬民族体育精神，切实加强与提高农村体育文化建设的广度与深度，逐步实现农村体育文化生活化，促进新农村文化建设更好地发展，形成农村新型城镇化建设与民族传统体育相辅相成、相得益彰的新格局。

（三）新型城镇化进程中农村体育的科技产业特征

1. 新型城镇化发展中农村体育的经济性

农村经济的快速、健康、可持续发展是全面建成小康社会、提升乡镇居民幸福指数的基础。新农村城镇化建设中,体育有助于搭建农村经济发展的有效平台。

(1)农村经济的快速发展是基础。"提高农民人均收入水平,到2020年比2008年翻一番,大力提高农村人均消费水平,基本消除农村地区贫困现象"是党的新农村经济发展的宏大目标。这一目标的确定是实施"农民体育健身工程"的动力基础。对农民体育健身工程起决定性作用的因素是农村经济发展水平。农村经济效益制约着农民参与体育健身活动的主动性。一般情况下,农民体育需求与所处经济状况成对应关系,如果农民缺少正常的经济收入,农民体育健身消费的水平就很低,对参与体育健身活动的期望值也随之降低。当前农民实际生活状况是由温饱向小康水平逐步过渡的初级阶段,因此,提高农民的经济收入是实施农民体育健身工程的关键环节。必须花大力气发展农村经济,努力为实施农民体育健身工程奠定牢固的物质基础。

(2)构建农村公共体育服务体系。中共中央国务院《关于进一步加强和改进新时期体育工作的意见》中指出:"大力推进全民健身计划,构建群众性多元化体育服务体系"。构建农村体育服务体系是各级政府在改善农村体育基本设施的条件之下,以向广大农民提供不同类别的公共体育"产品",并结合市场化运作而构筑的社会化体育服务体系。提供农村公共体育服务的主体对象是亿万名农民。村委会作为政府的基层机构,是发展农村体育的首要责任人。构建农村公共体育服务平台是引导农民享受体育活动权益的最佳通道。通过农村体育政策法规的导向,政府体育资金的投入与保障,改善体育基本物质条件,由农村体育组织网络发挥功能,经过农村体育人力资源的主体作用,构建体育信息平台、体育服务内容和农民体质健康监测等体系,具体落实在"农民体育健身工程"与"全民健身路径"等实施领域,促进农村公共体育服务体系的不断改进与完善,对农村健身环境改善并得到亿万名农民的认可,保障农民的基本体育权益,促进农村经济、社会、文化和体育的协调、可持续发展具有十分重要的社会作用。

(3)农村体育产业结构优化。乡镇政府对企业和个体由微观管理变为宏观管理,直接管理转向间接管理,如乡镇可以通过财政补贴为开发体育市场提供动力,也可以通过优惠政策,鼓励企业与个体投资。乡镇政府应重视开发与培育体育产业,动员与指导乡镇企业根据自身实际和市场需求,将体育用品生产、流通、交换、消费的诸环节联结为一个完整的产业组织系统,实现一体化经营的过程。应对乡镇的健身、娱乐设施建设和体育市场开发进行合理布局;应根据自身实际,开发体育产业的规模化经营项目,如生态旅游、文化景点等。乡镇要把体育产业作为新的经济增长点,进行全面规划。目前,由于我国乡镇经济发展滞缓,建设完备的体育市场体系确有困难。因此,要打破体育市场的地区性、封闭性,建立开放的体育市场体系。随着全民健身工程在乡镇推进与发展,乡镇对于体育产品的需求也将会逐渐增多。要选择一些满足群众需要、易于形成市场需求的体育产品推向市场,并构建体育产业结构体系[①]。

2. 新型城镇化发展中农村体育的科技性

新型城镇化发展中农村体育的科技性是指以科学技术力量为支撑,为农村体育发展服务。农村体育科技工作必须面向村镇居民体育运动实践,农村体育工作必须依靠体育科技进步。

(1)加强体育科普宣传。农民的科学健身意识应该表现在依据体育兴趣爱好、身体素质差异、健身习惯,选择适合自我需要的、多样化的运动方式。要通过加强体育科普宣传工作,增强农民的科学健身意识。可以利用广播、电视媒体开设科学健身专题讲座与运动实践指导,每天定时播出,专家讲授与科学健身实践指导相结合,解答农民在健身活动中需要解决的各种问题。可以利用地方报刊宣传体育科普常识;乡镇村组可以设立体育科普专栏,让更多的农民知晓、掌握和应用科学锻炼身体的知识技能;体育部门发行体育科普宣传手册,多介绍适合农村组织开展的体育活动;在村镇社区和健身场所,定期开展体育科技咨询活动;组织专家与志愿者深入村镇宣传科学健身的方法。

(2)加强国民科学健身指导。第七次全国公民科学素质调查结果表明,排在第一位的是医学与健康信息,全国 80% 以上的被调查公民对此项科技选择最感兴趣。现代农村生活水平的提高,促使农民的健康意识明显进步。因此,农村体育工作应在科学组织全民健身活动的基础上,加强科学健身的指导。一方面积极研制适合农民特点的运动健身器材,加大体育科技成果转化实践的力度,为增强农民体质和健康水平创造积极有效的条件;另一方面,指导农民掌握运动处方的设计与实施,如运动方式选择、运动时间、运动强度、运动环境等。促使村镇居民体验科学锻炼的方式,每次锻炼运动负荷的调节与控制方法。帮助与指导农民克服无目的锻炼、盲目学练等不良的锻炼方式,让农民在自我锻炼实践中体会到科学方法的指导作用。

(3)重视农民体质健康测试。国民体质健康测试可以判断个人身体

---

① 蒋荣,鞠滨,张翔鹰,王卫政.盐城市乡镇体育产业结构现状与发展的对策研究[J].
南京体育学院学报(社会科学版),2002,8:14-15.

形态、身体机能、身体素质等指标的基本状况。如身高、体重、胸围、肺活量、血压、骨密度、握力、背肌力、反应时、坐位体前屈、台阶试验等。通过体质健康测试获得有关自我健康方面信息,从人体的力量、灵敏、柔韧与耐力素质等方面得知应该如何加强锻炼。村镇居民定期进行体质检测是掌握自我健康状况最简易、快捷、准确的方式。广大的农民对"体育三下乡"、实施农民健身工程中的体质健康检测服务十分欢迎,表现为争相测试、寻求解疑、接受指导。农村体育的发展,应充分利用国民体质健康监测平台的作用,服务于村镇全民健身运动。

二、新型城镇化背景下农村体育发展形态

新型城镇化背景下农村体育的发展形态呈现多元化的形态。不同地区与不同民族所在农村区域,其体育发展形态具有一定的差异性。目前农村体育的发展形态大致可分为三个层次,第一层次是小城镇体育发展形态;第二层次是乡镇体育发展形态;第三层次是具体的体育特色项目发展形态。不同层次体育发展形态具有自身的发展特点与基本规律;不同层次之间存在相互作用与相互支撑的协调关系。因此,分析与研究新型城镇化背景下农村体育发展形态,有助于探索农村体育发展路径。

(一)新型城镇化背景下小城镇体育的发展形态

新型城镇化背景下小城镇体育的发展形态是农村体育现代化发展的必然反映。从城镇化建设的视角,直面农村小城镇体育发展过程,深刻地展现小城镇经济社会发展规模与层次对体育发展的决定性作用。小城镇体育作为农村体育发展的一种重要形态,随着城镇化进程的加快,将在小城镇的政治与经济、教育与科技、文化与生活的影响之下,不断地优化与完善其形态结构与功能。面对小城镇社会经济结构的优化与时空拓展,小城镇体育将以可持续发展的格局,为实现农村新型城镇化的整体推进产生积极的功效。

1. 小城镇体育形态推动农村体育发展的依据

(1)初级阶段发展理论。农村社会生产力相对滞后的现实与农民物质文化需求之间存在一定的矛盾,而解决这一矛盾需要长期的复杂过程。改革开放以来,我国农村体育得到了快速的发展,广大农民对体育的需求在逐步增加。但由于社会发展不平衡状态的影响,地域差异等客观因素干预,我国农村体育发展有待"提速"。小城镇体育发展规模、层次与质

量与其他事业相比差距较大。因此,坚持初级阶段发展理论,对引领小城镇体育发展具有关键作用。

（2）地方经济发展水平。地方经济发展水平客观上制约着小城镇的社会发展,同时对小城镇体育的可持续发展过程产生决定性的影响。地方经济是国民经济的基石,小城镇经济发展离不开地方经济支撑。因此,小城镇体育改革与发展目标必须根据地方社会经济发展的现实状况来确定。实践证明:地方经济发展程度与小城镇体育发展之间存在密切的关联与"正相关"。小城镇经济多元结构功能的发挥,将会促进小城镇体育发展的现代化。

（3）全民健身发展需要。建立全民健身体系是建设小康社会的重要组成部分。全民健身均衡发展的关键在农村,全面推进农村全民健身工程离不开小城镇的综合作用。组织小城镇居民开展全民健身活动,一方面促使居民积极地参与有益于健康的健身活动,增强体质、提高身心发展水平;另一方面有利于带动临近村镇人群加入健身活动的行列。因此,发展小城镇体育既能促进村镇体育人群的增长,又能推动小城镇社会体育的整体发展。

（4）提升乡镇人群整体素质。小城镇是城乡剩余劳动力可选择的就业市场,也是农民选择居住地的重要选项。小城镇人口数量随着人的"跨区移住"呈逐年上升趋势,人口结构变得具有复合性。小城镇外来人口的急剧增加,其综合素质存在不平衡的状况,因此,通过开展小城镇体育文化活动,有助于培养人们健康文明的行为方式,树立人本化的体育价值观念,提高人们的体育文化素养与综合素质,全方位地促进小城镇体育公共服务逐步向周边村组延伸。

（5）小城镇发展的区位动力。小城镇从地域上可认定为农村的"集散地",是城市与农村连接的"中间点",小城镇与农村的关系十分紧密。小城镇处于一定范围农村区域的中心,一方面能够快速接受城市各类信息,为促进小城镇经济社会发展服务;另一方面能够将社会经济信息转发到周边村组,让广大农民受益。因此,发展小城镇体育能够为城镇体育文化转向农村提供有效的"链接",为亿万名农村居民接受体育、认知体育、参与体育发挥动力作用。

（6）新型城镇化发展需要。加快农村新型城镇化建设,推动城市与小城镇协调发展的进程是国家发展战略。小城镇发展的类型主要有附属城市型,即离大中型城市较近的小城镇;人文地理型,即具有历史文化资源的小城镇;民族产业型,即具有地方名特优产品的小城镇;服务"三农"型,即利用地理优势提供农业服务的小城镇;工矿发展型,即具有矿产资源或工业基础的小城镇。因此,发展小城镇体育必须依据小城镇自身特点与优势以及新型城镇化发展需要,确定小城镇体育发展的目标。

2. 我国小城镇体育发展的主要特征

(1)阶段性。小城镇体育发展与小城镇的综合发展是紧密相关的。我国小城镇的发展历经了初始发展、快速发展与稳步发展三个阶段,各个不同发展阶段都具有与时代背景和社会发展条件相适应的不同层次建设目标。在不同的发展阶段,小城镇体育也得到了相应的发展。如在"十二五"稳步发展阶段,对小城镇住宅工程规定必须要建设居民体育设施,而这在小城镇初始发展阶段是缺失的。这就说明小城镇体育与小城镇发展的不同历史阶段具有对应关系,也证实了小城镇的发展历程中不应缺少体育的内容。

(2)导向性。小城镇发展是将农村人口逐步转移为城镇人口,或者通过就地城镇化,让亿万名农民享受改革开放带来的成果,进入健康文明生活圈,从现代社会文明中,体验农业农动者的社会价值,体验城镇生活的幸福感。小城镇体育的发展方向与小城镇发展方向是一致的,其服务的对象是小城镇居民与周边村组农民。要为农民参与体育活动、保持健康的身心状态,创造更为有利的条件,不断地满足农民对科学健身的需求,促进小城镇人群的体育人文素养的提升。

(3)特色性。我国具有历史文化底蕴的小城镇众多,覆盖每个省份,不同地区、不同民族的小城镇各具特色。因此,小城镇现代化建设过程中,必须保护小城镇文化生态资源,对遭受不同程度破坏的历史遗址与文化遗产要创造条件加以恢复。这些文化小城镇的体育形态与方式要体现其文化特色,避免以竞技体育代替地方与民间体育的现象。要把地方特色的体育项在保持原有生态文化特征的基础上,加以改造与创新,生成广大村镇居民乐于接受的、便于推广的运动健身手段。

(4)广泛性。随着我国小城镇的发展规模不断扩大,人口数量不断增加,给小城镇体育发展带来新的契机。小城镇体育发展离不开村组基础作用,村组体育的对象是农民,由此,小城镇体育的广泛性内质就是关注亿万名农民的健身与健康问题。要从基层村组体育工作开始做起,通过小城镇的集聚作用力,利用小城镇体育的辐射力量,进一步创新农村体育工作机制,借助小城镇社会体育服务平台,有效地推进亿万名农民健身工程的深入开展。

3. 小城镇体育发展的策略

(1)强化政府工作职能。小城镇体育发展关键在县镇两级政府。首先政府主要领导者应该正确认知小城镇体育发展对农村物质文明与精神文明建设的对应关系，正确认知小城镇体育对地方社会经济发展的重要作用。其次，县镇两级政府要根据国家相关政策并结合本地区实际，制定有利于小城镇体育发展的各项政策及制度，对实施的过程进行监督与管理。最后，县镇两级政府要在本地区发展规划中，将发展小城镇与村组体育纳入其中，并分步实施。只有在县镇两级政府的主导下，小城镇体育才能得到健康有序的快速发展。

（2）构建全民健身体系。全面贯彻《全民健身条例》是发展小城镇体育、构建全民健身体系的主要支撑动力源。小城镇全民健身体系主要包括组织网络、项目推广、健身场所、健身表演、运动竞赛、人力资源、管理机制等。因此，要调动小城镇各方面的积极性，支撑小城镇全民健身工程的实施，加强社区与村组的协调工作，开展地方特色的体育传统项目，引进人们健身需要的各类体育活动，不断地创新小城镇全民健身体系的组织、内容、方法与评价。

（3）继承体育传统文化。体育与文化之间存在相互渗透与相互融合的关联。民族传统体育文化具有历史的传承价值。小城镇在现代化的发展进程中，社会体育文化的发展速度较快，其中不可避免地要吸收外来体育文化，尤其是西方经济发达国家的体育文化，这就存在着东西方不同体育文化的冲突问题。如何合理地接受外来体育文化，前提是在继承体育传统文化的基础上，接纳外来体育文化体系中的有益成分，如体育道德精神等。而小城镇体育文化建设的重点在于继承与创新体育传统文化，构建具有中国特色的小城镇体育文化体系。

（4）推动体育经济发展。小城镇是我国农村经济发展的基础。小城镇的传统支柱产业在市场经济发展中，面临结构调整、产业升级、转型发展的过程。这种经济方式发展变化冲击力是巨大的。随着小城镇经济发展方式的集约化趋势逐步强劲，发展体育经济寻求新的经济"增长极"已经成为现实可能。小城镇体育经济发展的方式有：体育用品制造业、体育竞赛表演业、体育生态旅游业、体育健身服务业、体育文化创意业、体育技能培训业等。因此，小城镇依据实际条件合理选择体育经济增长方式，将有利于促进小城镇经济发展。

（5）投入机制的多元化。小城市体育的发展要从地方政府"包揽"的状态转向社会多元参与的新格局。地方县镇两级政府应该是小城镇体育发展的主要推动者，但是单方面靠政府的投入是远远不够的，县镇两级政府投资能力是有限的。因此，小城镇体育发展的投入机制应该走多元化的道路，调动社会各方面的积极性，如引进外资、多方合资、本地企业投入、跨地区投入、个体投入、社会团体投入等,形成小城镇体育发展投入机制的多元化新格局。

（6）加强理论基础研究。小城镇体育在我国体育事业整体发展中占有十分重要的地位与功能。目前,体育理论界对小城镇体育改革与发展的研究逐步重视,但仍落后于其他学科对小城镇的发展研究。当前小城镇体育研究成果定性研究多,描述性研究多,实证研究较少,研究的深度欠缺。因此,必须以科学发展观为指导,坚持中国化的科学理论与方法,运用实证研究方法,深入小城镇与村组进行调查研究,实事求是地反映小城镇体育发展的现状,并根据现状系统地进行分析,同时借助其他学科的理论与方法,以提升研究层次。

(二)新型城镇化背景下乡镇企业职工体育的发展形态

1. 开展农村乡镇企业职工体育的价值

（1）提高农村乡镇生产力发展水准。体育作为农村乡镇企业管理组织的一种重要辅助手段,它在提高乡镇企业生产力发展水准方面有着不可替代的作用。比如促进农村企业人员的合作意识、提高农村企业发展动力等。首先,体育不仅能培育农村企业团队精神,维持农村企业人员的良好精神状态,还能培养主体责任意识,将企业团体利益放在第一位,树立"企业兴旺我光荣,企业衰落我耻辱"的荣辱感,着力增强企业小群体与大群体的凝聚力量。其次,企业体育能促使全体员工遵守企业规章制度,热爱自己的企业,奉献自己的企业,而不会损坏本企业团体的利益,使个体与群体利益最大化。农村企业职工通过体育活动能够改善个体的身体机能,提高适应工作的能力,减少职业病与常见病的发生,既能保持健康为企业工作,又能为农村企业节约医疗费用。最后,促进农村企业人际关系的改善,使职工和睦相处,促使企业内部不同岗位、不同职责的员工融合到一起。

（2）传承农村乡镇企业文化。农村乡镇企业文化一般是乡镇企业在发展过程中,根据企业的特色与社会影响力而长期生成的共同目标、价值观念、企业风格、生活方式和行为规范的总称,是乡镇企业在市场化的发展与经营管理过程中所创造的、独特的企业特色文化。体育文化客观上是企业文化的重要范畴,企业体育既具有独特的文化产品特征与形态,又是文化服务的一种基本方式。农村企业文化的发展体现了员工的主观能动性和创新性,是企业文化建设的核心,对企业在未来竞争与发展中具有重要的推动价值。企业体育文化所体现的"公平、公正、公开"的伦理观念,人的全面发展、和谐发展理念,人与企业和谐相处的理念,对构建企业和谐体育文化有着重要的意义。企业每一次体育活动的组织开展过程中,其每一个环节都蕴含着企业的体育文化,包括场地的布置、主题概念的设计。传承企业体育文化是一个漫长的过程,在这个进程中,须确立员工之间的互信、互爱、互动的团体意识,发扬员工团结、和睦、互助、竞争的风格传统,企业主动通过鼓励、激励、对话、交流、参与的方法来扭转企业各种关系的失衡状态,让和谐的企业体育文化源远流长。

（3）农村企业品牌战略支撑。世界经济的一体化发展,促使农村企业品牌也必须具有国际化的视野。农村企业要在全国甚至在世界范围内取得较高的知名度,体育是其较好宣传手段。农村企业品牌战略支撑主要体现在农村企业发展过程中,品牌产品依靠体育手段进入市场,依靠体育形式宣传品牌产品,依靠体育方法促进品牌产品的公众知晓度,依靠体育策划连接品牌产品与市场发展的关系。这种支撑关系可以是直接的,也可以是间接的。体育对农村企业品牌战略的支撑作用可以是显性的,也可以是隐性的。

（4）拓展农村企业与社会关联。农村企业存在于社会中,就一定要与自身企业以外的社会群体接触,通过多种交往方式实现利益互换。首先,农村企业通过体育竞赛或体育活动的开展,挖掘潜在的投资人,也可以加强与投资人的联系和信息交流,从而获得更多投资。其次,增强与供货商的接洽。供货商是在企业之间,企业与销售之间担当中介的角色,能够为农村各种企业提供可合作的竞争对手,传输企业以及更为广泛的商界内部信息。最后,企业与自然环境具有相互依存的关联,农村企业认真贯彻科学发展观,加快企业结构调整,做到绿色生产、可持续发展,避免生态环境遭到破坏。

2. 农村乡镇企业职工体育组织方式的缺陷

（1）理念的问题。随着现代农村企业制度的建立,农村企业改革不断深入,农村企业职工中青年人群占主体地位。青年职工人群的增加,对农村企业精神文化生活的需求也相应增加,青年职工的体育文化需求比以前更加明显,参与体育文化活动的意识显著加强,对体育文化活动呈现求异、求美、求新的倾向。但是,部分农村企业的管理者对开展企业文化活动缺乏深刻的认知,认为职工就是农村企业的劳动力,职工的主要任务是生产,而职工的体育锻炼是个人的事,与农村企业没有关系。由于管理者对体育认知水平的偏低,客观上导致农村企业体育缺乏正确理念的指导与扶持,影响了职工体育的开展。

（2）经费的问题。市场经济条件下，农村企业经济效益主要来源于企业生产经营的收入，很多农村企业为获得更多利益，导致企业管理过程中偏重生产，注重经济，而忽视了职工体育健康。主要表现为农村企业职工体育经费投入严重不足，制约职工体育的开展与普及。客观上农村企业资金总量有限，主要用于一线生产，如产品开发、市场营销、职工福利等方面。农村企业群体大多以民营企业为主，由于企业经费列支渠道的不断增加，导致职工体育客观上存在经费投入偏少、比例失调的现象。尽管农村个别企业在体育竞赛上有所投入，运动代表队为企业品牌的社会宣传做了大量工作，收到了一定的效果，给农村企业增加了知名度与信誉度，但是，农村企业管理者忽视对职工体质健康的投入，无疑会对企业劳动力的质量与效益带来一定的负面影响。

（3）内容的问题。目前，我国农村企业职工体育，由于人员与条件所限，内容相对单一，主要活动项目大都是竞技体育内容，而竞技体育在农村企业中推广还是有一定难度的。首先，竞技体育动作技术难度较大，动作复杂，参赛人员少，不易普及。因此，在农村企业开展竞技体育与职工体育基础不相对应。其次，农村企业不具备开展竞技体育的各种必要条件。农村企业由于经费短缺，导致场馆设施不够完善，专业指导缺乏，即使能组织竞技比赛，比赛规格也达不到要求。最后，尽管农村企业组织成立了各种代表队，但这种代表队只是由少数职工组成，并不能代表整个农村企业职工的体质健康水平。所以农村企业开展体育活动，必须与农村企业职工的特点、本企业的文化特点相结合。因此，农村企业将竞技体育当作职工体育的重要内容，不利于职工体育健康发展。

3. 农村乡镇企业职工体育组织方式的实施

（1）将职工体育纳入农村乡镇企业发展战略。企业制定发展战略是企业可持续发展的重要方面，在企业发展战略中必须把企业职工体育作为一项重要的内容。因为企业的主人是企业职工群体，企业职工群体的体质健康状况客观上决定企业发展的速度和企业效益，企业在制定发展规划时，要把职工体质健康水平的保持与提升作为工作的重点。

在市场经济条件下，大部分企业领导在制定企业发展战略时只注重经济利益，忽略职工健康。企业领导应转变思想观念，将企业职工的健康放在企业发展的重要位置，职工健康状况良好，才有可能为企业创造出更多的经济效益。农村企业可以通过对职工进行定期的体质健康检测，根据检测结果确定企业职工体育组织方式，科学选择职工体育活动项目，有针对性组织企业职工体育锻炼，使企业职工体育的发展有战略、有组织、有目标、有实施。

（2）农村企业体育文化特色的构建。构建农村企业体育文化特色是一项复杂的系统工程。要形成高品味、高质量、独特的农村企业体育文化特色，应以企业的经营理念为指导，与企业精神相对应，构建具有特色的农村企业体育文化。农村企业体育需要多元化发展，但要突出农村企业的特色，整个农村企业要达成重视企业特色体育文化的共识。创新农村企业特色体育文化要注重理论与实践相结合；注重体育理念的创新和体育方法的创新。在特色体育文化构建过程中，注意个性与共性的结合，此外，还应注重方法的灵活性与创新性。

（3）农村企业职工素质的提升。企业竞争力的提高离不开现代科技，现代科技的应用离不开员工素质。随着现代科技应用领域的广泛拓展，农村企业职工素质已成为现代农村企业保持竞争力的关键因素。转变农村企业管理者的思维方式，对农村企业职工素质的提升具有基础性的作用。农村企业发展要以职工体质优先；农村企业竞争要以职工素质为本。农村企业要把提高企业职工素质作为内涵发展的重要举措。通过组织企业职工开展健身知识学习、运动技能实践、工间体育活动、节假日体育竞赛等途径，营造企业体育运动、提高身心健康的氛围。农村企业应实施适合职工特点的体育内容，探究合理有效的组织形式和手段。

4.农村乡镇企业职工体育发展的多元关系

（1）生产与锻炼。农村企业职工体育在发展过程中，要正确处理好生产与锻炼的关系。企业领导可以通过组织职工健康知识讲座、社会健身指导等手段，改变职工对待体育锻炼的保守观念，促使职工懂得体育锻炼的价值及合理的锻炼时间。在保证工作质量的同时，利用业余时间参与体育锻炼，养成良好的锻炼习惯，不断提升自身的素质，保持健康的体魄，积极参与企业组织的各项体育活动。职工要摒弃生产就是锻炼、身体劳动就是锻炼、体力付出就是锻炼等不正确观念，通过参加体育活动来提高自己的体能和身体素质，以健康的体魄和饱满的精神投身于生产过程中。

（2）锻炼与竞赛。农村企业职工体育在发展过程中，要正确处理好体育锻炼与竞赛的关系。企业不能以竞赛代替锻炼，也不能以少数人的体育代替大多数人的体育，企业应该从全体职工的利益出发，以体育锻炼为主，以增强全体职工的身心素质为主要任务，积极宣传，引导职工参与体育锻炼。在制定企业职工体育发展战略时，应该以各种代表队为切入点，促进职工体育的开展，提高全体职工的身心素质。企业职工体育的主导方向是关注职工身心健康,要通过开展丰富多彩的职业技能锻炼与体育竞赛活动,促进企业职工体育的发展。

（3）企业与社会。农村企业职工体育在发展过程中,要正确处理好企业与社会的关系。企业存在社会之中,就不可避免地与社会产生千丝万缕的联系,这就要求企业在职工体育发展过程中,应该全面贯彻全民健身计划,把企业的职工体育纳入推进与贯彻《全民健身条例》之中。企业要根据自身的情况积极参与社会体育的各项活动,如各种体育活动的广场表演、企业主管部门开展的体育竞赛活动、节假日期间的体育表演活动,并且从各项社会体育活动中,汲取优点,去其糟粕,将学习到的精华部分运用到本企业的体育发展规划中,使企业职工体育在正确的轨道中运行。企业要为社会体育的发展做出贡献,社会体育的发展也会成为企业职工体育发展的推动力。

职工是农村企业的主体,农村企业生产力的发展在一定程度上取决于职工的身心健康,因此,农村企业职工体育要在农村现代企业制度的引领下,以服务职工、关爱职工、培养职工为主要任务,培育农村企业体育文化精神,塑造农村企业良好形象,全面提高农村企业职工体育素质。

(三)新型城镇化背景下农村体育典型项目发展形态

1. 乡镇发展游泳项目的理论依据

（1）生活性。体育社会化服务以适应不同人群的体育需求意向为逻辑起点,是发展农村社会体育不可或缺的基础。体育的社会化服务主要功能就在于以人为中心,把提高乡镇居民的生活质量和福利考虑在先,满足乡镇居民的体育生活化需求。目前,乡镇的体育服务业发展比较缓慢,而游泳池建设的社会化服务能带动乡镇体育服务业的发展,将游泳这个项目常态化、生活化,成为乡镇居民的一种健康生活方式。健康生活方式的核心是养成具有长期性、持久性、良好的体育生活习惯。乡镇居民一般都依据个体或家庭的实际,选择制订临时的健康计划,靠个体的毅力与调节能力自觉地执行,由于一般运动项目较枯燥而难坚持,很多人通常半途而废。游泳项目运动的生活化特点决定了其生活性的作用与功效,是乡镇居民健康生活方式中可以作为首选的健身项目,能够促使健康生活方式的养成,村镇生活也由此更加有动力。

（2）发展性。构建体育公共服务体系是落实科学发展观、提高人民生活水平、满足群众需求的重要举措。科学发展观的提出,要求坚持以人为本,把促进人的全面发展作为根本目标。目前乡镇体育公共服务配置不均衡,区域差距较大。依据新型城镇化建设目标,确立乡镇体育公共服务的内涵,建立体育公共服务体系,创新体育公共服务运行机制,是科学发展观在体育社会化服务领域的实践。不同的乡镇应根据自身特点与条件,开展不同模式的公共体育服务。对游泳条件尚不健全的乡镇,通过改善乡镇现有的服务设施,加大对游泳项目的投资,改善人们的生活体育设施,逐步实现体育服务业集结,着力打造乡镇体育生活圈,满足乡镇居民多样化、个性化的体育消费需求。游泳的社会化服务应该走在前面,因此乡镇游泳场馆建设与服务有很大的发展空间。

（3）经济性。随着新型城镇化进程,农村经济快速发展,农民收入不断增加,对衣食住行等方面的生活用品需求在整个需求结构中的比重日趋下降,而对较高层次的娱乐性消费比重则逐步增加。农民对体育消费产品的需求呈增加态势,给体育经营服务业创造了商机,促进其发展速度不断加快。体育社会化服务有助于推动农村经济增长。一方面,从农民健康教育的视角分析,体育社会化服务供给有助于促进农民体能积累,有利于提高劳动生产力质量;另一方面体育社会化服务与基本社会保障水平的提高,有助于提高居民的健康消费水平。随着新型城镇化进程加快,乡镇居民体育需求不断增长,给体育类消费项目经营带来了巨大的商机,也为乡镇经济增长形式提供了舞台。游泳馆或游泳池建设的经济效益很可观,可开展游泳健身、技能学习、水上表演、各类游泳竞赛等,因此乡镇游泳服务行业存在较大发展空间和经济潜力。

（4）竞技性。竞技体育具有较高的观赏价值,在乡镇为了丰富人们的生活文化,也需要类似的竞技性比赛,这样的比赛不仅可以丰富人们的生活,也可以铺垫竞技体育的基础。因此,在乡镇开展游泳竞赛,对竞技游泳的未来发展意义重大。随着新型城镇化进程以及人们生活水平的提高,农村发达乡镇也可以举办一些竞技性的游泳比赛,通过比赛来丰富乡镇文化生活、繁荣乡镇体育产业、提高游泳技能水平、扩大新型乡镇的社会影响力。

2. 乡镇开展游泳项目的现状分析

（1）认知水平不均衡。通过访问调查江苏省邳州市村民发现,会游泳的人群比例并不高。由于城乡河流环境遭受污染,很少有人愿意下河游泳锻炼身体。此外,乡镇人群对游泳的价值认识不足,一般认为学习游泳的最高价值是"发生意外时可以自救",而对游泳能"提高心肺功能"、"增强身体素质"等认知水平较低。访问调查的结果反映出乡镇人群对游泳的价值认知还处于较低的水平。客观上认知某一事物的意义、价值,才能产生更浓的兴趣,才会付之行动。由于村民受开展游泳运动的认知层次所限,所以,要提高村民学习游泳的自觉积极性,需要加强对游泳知识及价值的宣传和引导。

（2）改造投入比较大。乡镇建设一座游泳池的投资费用,动辄就要几十万元,运转游泳池的费用,最低也要几万元。游泳池既耗水、耗电又耗热,在能源的消耗方面是巨大的。在群众性游泳池的设计与建设中还存在许多问题,如简化设计、优化管理,减少基础投资,减少运转费用与维修费用,如何做到节水、节电、节能、节约药品、节约人力等,需要进一步研究。乡镇在投资建设游泳池成本巨大、运营成本较高的情况下,会遇到各种各样的困难。因此,乡镇区域要运营一个游泳池所需要的昂贵代价是不容小视的。

（3）服务市场范围小。乡镇建设游泳项目,首先服务范围为全乡镇的村民。由于农村外出务工人员较多,在乡镇生活的人口减少,乡镇游泳服务市场狭小。从经济学的视角分析,乡镇无论发展哪个行业,归根结底是整个社会环境的发展,服务市场的开拓关系到商家的利益和群众的生活质量。农村乡镇体育服务市场的发展应该适应当地居民的需求,因此要提升体育服务质量,扩大体育服务对象范围。当前乡镇推广游泳项目的最大瓶颈是村镇人口数量较少。随着新型城镇化建设的推进,农民工出现返流现象,农村乡镇游泳服务市场空间正逐步回暖。

（4）游泳基础水平低。通过访问调查,乡镇人群会游泳的人数比例较少,而且会游泳的人泳姿较为单一,多为"狗爬式"游泳,动作不标准、不美观,虽然能达到锻炼身体的效果,但是游泳技能始终处于较低层次。在乡镇游泳的人群往往偏向学生和老人。随着乡镇河流环境出现一系列的问题,河流受到污染,农村乡镇可供游泳的天然场所逐渐消失,导致农村青少年会游泳的数量逐渐减少,在乡镇建设游泳池的经济效益大打折扣。游泳技能水平低客观上对乡镇游泳设施建设带来一定的负面影响,为了激发乡镇人群游泳兴趣,培育乡镇游泳市场,应通过乡镇以及学校等机构组织游泳培训,促使更多的乡镇人群了解掌握游泳技能,推动乡镇游泳项目经营。

3. 乡镇发展游泳项目的具体举措

（1）加强建设投入。目前的乡镇体育社会化服务供给主体大多由政府承担,政府除了通过财政支持以外还要在减少税收、扩大融资等方面加以扶持,把乡镇的体育休闲健身业作为经济和社会发展的有机组成部分,重视乡镇居民健身的需求,加强新型乡镇的规划和建设,把乡镇的体育休闲健身区作为乡镇生活重要功能区,在乡镇规划中给予体育健身设施足够的用地额度,引导社会资本开发游泳馆建设,在建设投入方面不仅需要经济政策方面的投入扶持,还需要积极培养体育产业管理人才,加强体育产业人才队伍的建设,培养懂经济、会管理的体育产业人才,这样才能推动乡镇游泳及其他体育项目更好发展。

（2）成立乡镇游泳健身俱乐部。乡镇成立游泳健身俱乐部的目的是丰富人民的生活,更好地为乡镇居民游泳健身活动进行服务,开展有计划的技能学习与交流,科学地进行体育锻炼。游泳俱乐部本身是一种经营性的组织,其宗旨是立足于游泳馆的经营,以专业的技能指导为契机,以提高会员的游泳技能为目的,来开展俱乐部的服务。游泳馆可以开设多种服务项目,如:每周进行免费的技术指导,每个月举办技术讲座,会员可以参加由游泳馆组织的游泳比赛,获得优胜的可以给予物质奖励。俱乐部开展大众健身游泳比赛等一系列的比赛项目,关键问题是要注重参与,让参与者体验比赛带来的快乐,推动俱乐部的发展。

（3）建设乡镇游泳服务体系。体育公共服务应当纳入村镇社会公共服务体系之列。农村新型城镇化进程的"提速",导致农村体育公共服务的地位和作用日益突出。这就要求政府加强投入、组织和引导,制定近期、中期和远期的发展目标,实现乡镇公共服务体系和谐发展。乡镇游泳服务体系要满足乡镇居民的基本需求,着眼于提高乡镇居民及周边村组居民生活质量。既给居民提供基本的游泳活动享受,也提高了人的生存与发展所需的游泳技能;同时改善了乡镇的体育环境条件。由乡镇政府等有关部门牵头建立游泳服务体系为居民提供游泳活动服务、游泳指导服务、游泳信息服务;在学校建立游泳服务体系为学生提供必要的生活技能学习条件、健身锻炼条件;在有条件的企业建立服务体系,丰富员工的生活内容,锻炼身体提高工作效率。

（4）开展游泳训练实践。在乡镇组织游泳训练,提高居民的游泳水平,能够起到全民健身的效果。在学校开展游泳训练,有助于培养游泳后备人才。各市县体育运动学校组成游泳培训渠道,由各俱乐部自主形成青少年游泳培训体系;由各级各类学校的体育教研室举办培训班,组织青少年游泳训练;通过社会力量创办和投资的体育训练中心或俱乐部等各种形式开展青少年游泳训练;在有条件的乡镇企业开展游泳训练,招揽相关社会组织与部门,开发与利用游泳训练的各类资源,通过游泳协会、俱乐部的形式开展游泳训练,促进乡镇游泳活动的开展。

乡镇建设游泳项目社会化服务是可行的,发展游泳项目的前景是广阔的。根据调查研究,在乡镇发展游泳项目将会产生良好的经济效益和社会效益,更能适应人们的生活需求,符合新型城镇化背景下农村体育公共服务的发展方向。

（四）新型城镇化背景下农村体育发展形态的个案分析

我国是一个农业大国,农村人口占有较大比重,如何培育农民的体育素养、提升农民的身体健康水平,营造健康和谐的农村文化氛围,是践行全民健身工程的主要内容,更是我国建设体育强国实践中必须面对的重要问题。然而,农村体育建设是一个庞大的系统工程,应该从何处切入、哪方面内容是重点,成为推进农村体育发展首先要考量的问题。如果说,社会主义新农村建设切入点是农村发展问题,那么党的十八大提出的新型城镇化战略则更是将农村问题放到一个新的起点上。如何在国家政策引领下推进农村体育快速健康发展,理应成为体育学人和体育行政部门关注的重点内容。以往相关研究更多停留在农村体育发展的理论探讨阶段,深入农村基层探寻伴随新农村发展和新型城镇化建设的农村体育真实状况及其发展流变的相关研究成果较少。事实上,农村体育的研究必须深入农村和农民之中,挖掘农村体育运行实践状况,找出内在发展机理,才能架构其合适的推进策略与发展模式。本研究即力图通过个案实证分析与理论研讨相结合的方式,探寻经由新农村建设洗礼、迈向新型城镇化之路的农村体育发展理路问题,以有效获取和提供相关信息,促进农村体育研究的深入,为实践提供服务。

1. 个案考量之一：洛社镇体育文化建设及其评价

（1）研究缘起

党的十七届六中全会通过总结我国文化改革发展的丰富实践和宝贵经验,指出当前加强文化建设的重要意义,提出了推动社会主义文化大发展大繁荣的指导思想,部署了深化文化体制改革、推动社会主义文化大发展大繁荣的各项重要任务,强调了加强党对文化产业发展的领导。可以预期,通过贯彻、落实这次会议精神和各项任务,将进一步兴起我国社会主义文化建设新高潮。这对夺取我国全面建设小康社会新胜利、开创中国特色社会主义事业新局面、实现中华民族伟大复兴具有重大而深远的意义。

体育属于大文化的范畴,是文化建设不可分割的有机组成部分。在加强社会主义新农村建设以及加强社会主义文化建设的大背景下,农村体育文化建设是亟待体育工作者研究的重要课题。带着这样一种使命感和责任感,我们选择并走访了一座具有千年历史的江南古镇——无锡洛社,考察新农村体育发展状况以及农村体育在农村文化建设过程中的积极作用及其发展举措。

（2）洛社镇概况及其文化底蕴

洛社镇位于无锡市西北侧,2004年2月,由原洛镇、杨市镇、石塘湾镇三镇合并而成,是惠山区"一区四组团"中最大的一个组团。全镇总面积93.45平方公里,总人口超过15万人(其中常住人口11.5万人),设有32个行政村、5个社区居委。洛社镇东接无锡,西临常州,南依太湖,北近长江、京杭运河,312国道,京沪(高速)、沪宁、新长三条铁路,沪宁、锡澄、锡宜三条高速公路或穿境而过,或毗邻相伴,水陆交通十分便利,距无锡市区约12公里。洛社镇是具有1600余年悠久历史的江南名镇,建于梁代初年的开利寺,相传是东晋大书法家王羲之的别墅原址,"池边涤砚"和"亭上观鹅",千百年来成为墨林佳话。洛社镇拥有4所中学、3所成教中心和3所中心小学,各类学校均为省级重点或示范学校,100%的学龄青少年接受9年制义务教育,初中毕业升学率为98%。

洛社镇各类文化体育设施齐全,现有图书馆、影剧院、书场各3个。洛社图书馆是国家级图书馆,三镇合并后图书馆藏书达19万册,图书流通达69700册次。群众性文体活动丰富多彩,文艺创作硕果累累。洛社的民间传统体育项目凤羽舞龙参加中国文联等单位组织的国安杯全国舞龙大赛获得银奖,并被选中在天安门广场参加庆祝澳门回归这一历史盛事;农民摄影家马玉焕的小品摄影,享誉全国。洛社镇先后获得"全国群众文化先进镇""全国亿万农民健身活动先进镇""全国文明村镇创建工作先进单位""江苏省群众文化先进镇""全国环境优美乡镇""国家卫生镇""全国文明镇"等荣誉称号。被誉为农村文化体育的一面旗帜

（3）洛社农村文化体育繁荣发展的策略

近年来,洛社镇加快新农村建设步伐,农村面貌不断呈现新气象。该镇紧紧围绕"经济发展、生活富裕、社会文明、社区整洁、管理民主"的总体要求,坚持统筹发展,加快推进九项新农村建设重点工作,11个新农村示范村建设进展顺利。在文化体育方面,洛社开展了庆祝奥运及首届社区活动节等系列文体活动,全民健身活动成绩突出,被评为"全国亿万农民健身活动先进乡镇";"凤羽龙"队在第六届全国农运会舞龙比赛中摘得一银一铜,实现了洛社镇在国家级体育赛事上奖牌零的突破,编制完成了"凤羽龙"非物质文化遗产的专项经费申请书,并力争申报国家级非物质文化遗产。2008年获得:全国文明镇、国家卫生镇、第二次全国农业普查先进单位、江苏省体育强镇等荣誉称号。荣誉的背后凝聚着洛社人辛

勤的汗水。笔者通过调查发现,洛社农村文化体育的繁荣并非偶然,它积累了许多宝贵经验可资江苏乃至全国的农村文化体育建设作为参考。

第一,全面布点,建设农民身边的文体俱乐部

文化体育设施是推进农村文化体育繁荣的有效载体。洛社镇按照"高起点规划、广覆盖建设、多渠道投入、全民化受益"的要求,优先建设各类文体设施,让健身活动场地在群众身边"遍地开花"。全镇29个村全部建成了星级文体活动中心,其中三星级的文体活动中心达到80%。星级文体中心都建有篮球场、门球场、健身室和乒乓室等健身活动场所,功能完善,设施齐全。部分村还设置了健身点,总数达到77个。同时,全镇的学校、市镇单位、农民公园等的体育活动设施全部向群众免费开放。全方位、多元化的文体设施建设,进一步夯实了农民健身活动的基础。

第二,以点带面,引导农民自发成为文体运动员

深入开展农民健身活动,关键是要使活动场地用起来,把农民群众带起来,让健身行动热起来。洛社镇采用宣传引,专人带,团队邀和活动促等方法,带动农村群众积极加入健身者的行列,营造健康向上、文明和谐的社会氛围。各村和社区开展健康知识讨论和各类健身活动的培训班。并由专人带动,注重以点带面,发挥全镇108名体育指导员和广大文体爱好者的作用,并通过他们以少带多,不断扩大洛社镇的健身爱好者队伍。

第三,领导重视,统一对农村文化体育活动的正确认识

洛社镇领导对农民健身的支持和关心是洛社农村文化体育事业发展的关键。多年来,洛社镇各级领导对文化体育建设高度重视,将推进体育工作纳入行政村的年度考核,为农民健身活动逐步走向规范化、经常化提供了组织保证。镇村做到统一部署、统一行动,通过广泛宣传、典型示范和活动引领,发动更多的农村群众自觉投身健身队伍。打造农民健身活动的优势项目和品牌。如凤羽龙、功夫扇、莲湘、走马灯等特色团队,其参与人数多,社会影响大,为助推全民健身活动起到了事半功倍的效果,带动了全民健身活动的普及和推广。

第四,多元投入,确保农村文化体育活动的经费支持

群众体育群众办,办好体育为群众。洛社镇各村及社区在不断加大农民健身运动投入的基础上,广开思路,多方位、多渠道拓宽筹集资金,鼓励和引导一些企业主,把支持文体事业作为回报社会的慈善之举,在设施建设、活动开展和健身示范等方面发挥积极作用。一些特色活动和品牌项目走上了市场化道路,实现了社会和经济双赢。

（4）洛社农村文化体育的评价体系

没有良好的措施以及监督和评价手段,也就不会有农村文化体育的繁荣与发展。洛社镇除了有一些独特的策略举措推动农村文化体育的开展,它的评价与考核措施也是极其有效的。洛社镇文化体育工作的主要考核内容如表3-1所示。

表3-1　洛社镇文化体育工作考核内容

分类	内容	标准分	考核内容及标准
常规工作考核（10分）	文体中心管理（3分）	1	有专人负责,管理经费到位
		1	做好健身器材和场地日常维护,设施完好
		1	各项制度完善,积极参加上级培训
	农家书屋（2分）	1	藏书1200册,书刊杂志30种以上,新增图书不少于100册
		1	成立读书小组,有计划、有记录、有总结,正常开展活动,参加镇级读书征文2篇以上
	文体活动（4分）	2	积极参加上级组织的各类文体活动（缺一项扣0.5分）
		1	有特色文化团队,积极开展活动,具有一定影响力
		1	自办群众文体活动不少于一次
	文体市场（1分）	1	做好辖区内文体市场日常监督和信息上报
重点考核（3分）	创建星级（3分）	3	按照标准建设,每升一星级加3分
奖惩考评（7分）		3	在镇级以上文体活动中取得优异成绩加分（获镇三等奖0.5分,二等奖1分,一等奖1.5分;区级三等奖1.5分,二等奖2分,一等奖3分）
		2	辖区内无黑网吧,无非法出版物摊贩,如配合不力,扣1—3分,被区级以上单位处罚则加倍扣分,累计不得超3分
		2	挖掘特色文体项目,创建特色家庭和标兵,保护非物质文化遗产

　　由表 3-1 可知,洛社镇的文体工作考核主要分为三大块,一是常规工作考核,包括文体中心管理、农家书屋评估、文体活动的考核及文体市场的效益评价等。二是重点考核,又称为星级考核,要求洛社全镇的各村与社区开展星级文体中心创建活动,镇政府按星级标准对各村、社的创建活动进行验收。洛社镇星级文化体育活动中心评价标准见表 3-2。三是各村(社区)所获的奖惩情况加分及扣分。通过合理调整评价标准及评估手段措施,并将其贯彻落实在农村文化体育工作的实践中去,这极大地调动了洛社全镇各村比学赶超的热情,农村文化体育活动的高潮也不断涌现,有力地推动了洛社及周边地区的新农村文化建设。

表 3-2　洛社镇星级文化体育中心创建及评价标准

星级等第	创建内容	评价标准
一星级	三室一场	综合活动室:一室多用,有电教用具与设备
		图书阅览室(农家书屋):报纸杂志 5 种以上,图书 1200 册以上,每年新增 50 册
		乒乓室:乒乓台 2 张
		室外活动场:混凝土标准篮球场一片(28*15)
二星级	四室一场	综合活动室:面积 70m² 以上,可作教育培训会议用途
		图书阅览室(农家书屋):面积 40m² 以上,报纸杂志 8 种以上,图书 1200 册以上,每年新增 100 册
		室内健身室:面积 90m² 以上,乒乓台 2 张和 5 件以上健身器材
		老年活动室:面积 50m² 以上,须有棋牌等设施
		室外活动场:混凝土标准篮球场一片,总面积 600m² 以上
三星级	四室三场	综合活动室:面积 90m² 以上,可容纳 80 人以上开展活动、培训
		图书阅览室(农家书屋):面积 50m² 以上,报纸杂志 10 种以上,图书 2000 册以上,每年新增 150 册
		室内健身房:面积 100m² 以上,乒乓台 2 张和 5 件以上健身器材
		老年活动室:面积 60m² 以上,有棋牌等设施,并可作书场、书画室、茶馆等
		室外活动场:混凝土标准篮球场一片;标准门球场一片;休闲健身小广场(或公园):占地面积 2000m² 以上,绿化面积 1000m² 以上,并配套建有一个健身点

（5）结语

洛社作为一个江南古镇,自古就有浓郁的文化体育氛围与传统,在加快建设农村新型城镇化的背景下,洛社的农村体育文化活动焕发了新的生机与活力,也受到当地政府和百姓的关心和大力扶持,各级政府对洛社的传统体育文化活动也作了不少挖掘、抢救、传承和保护工作,但仍存在许多困难。通过星级文化体育中心创建工作,洛社镇建立了较为完善的评价体系,这对当地农村体育文化的进一步开展,必将产生良好的推动作用,对新型城镇化背景下农村文化体育建设乃至农村社会的精神文明建设,也会带来深远的影响。

2. 个案考量之二：东南村及其体育状况调查

诚然,新型城镇化不是在一张白纸上绘就的蓝图。新型城镇化是我国经由改革开放 30 年积淀的经济社会发展成果显现催生的议题,是我国工业化、城市化水平提升背景下的应然结果。提升我国城市化发展水平议题下的新型城镇化自然无法脱离农村问题的解决,从新型城镇化的内容上看,现有研究大多将其重点指向农村地区,强调乡村的就地城镇化,特别是城郊农村的就近崛起与社区化发展。

事实上,伴随近 10 年社会主义新农村建设的推进,农村工业化、产业化已然得到大幅提升,各种村落企业不断涌现,农民收入逐渐多元化,生活水平不断提高,农村社会文化环境发生了明显变化,农村体育活动呈现高涨势头。这为选取有代表性的农村进行研探提供了可能。当然,这些农村必须是在社会主义新农村建设中取得重大进展的,农村工业化、产业化已经基本完成,农村生产力水平大幅提升,农民生活水平大幅提高,城镇化已初具规模；而且,还必须具有体育活动的特色性和代表性以及区位上的城郊性。基于上述认识,笔者选择江苏省级新农村建设示范村东南村为调研对象,通过先后 4 次深入该村进行为期数周的实地考察和访谈,探寻和把握工业化、产业化发展中该村体育发展特征,找出有益的规律性因素。

（1）江苏省东南村概况

东南村地处江苏省苏北地区,位于射阳县、大丰市、亭湖区三地交界处,原属于江苏盐城市射阳县管辖,距离县城 40 公里；后调整划归盐城市亭湖区管辖,距离盐城市中心城区 20 余公里。从地理位置上看,东南村原是个偏僻的村庄,隶属于盐东镇,距原中心集镇（盐东镇）有 6 里远。东南村共有 9 个村民小组,有常住人口 5100 人,外来人口 5000 多人。该村在社会主义新农村建设中逐渐进行工业化发展,成为一个项目聚集的纺织产业村,形成了纺机制造、胶辊、热电、轧花、棉纺、浆纱、织造、化纤、服装一条龙的经济格局。目前,该村工业投产企业 70 余家,其中大宏纺织、宏华纺机、宏铭达纺织、粤宏化纤、国信热电 5 家企业投入均超亿元,2013 年东南村经济总量逾 30 亿余元,农民人均纯收入达 1.8 万元。在实现农村工业化和经济快速发展的基础上,2006 年开始,该村逐渐注重以人为本,以规划引领发展,启动了千户农民新村建设,推进集中居住,全面实施农村公共基础设施建设。文体活动室、农民图书馆、电子阅览室、村史陈列馆等文化娱乐设施基相继建立,规模性文体活动不断开展,大大提升村民的幸福指数。2010 年,东南村被江苏省政府授予"江苏省社会主义新农村建设示范村"称号。在新的城市发展规划中,该村毗邻盐城市亭湖经济开发区,现已实现成功对接,行政上隶属于开发区,成为实质意义上的城郊村。

　　东南村在城镇化改造中,逐渐转变经济发展方式,以农业、农业深加工以及相关设备制造为经济发展支柱,初步形成兼具城乡特征的经济增长方式,同时村民生产、生活方式逐步向城市靠拢。

　　此外,该村具有浓厚的社会文化底蕴,体育活动开展情况良好。

　　(2)江苏省东南村体育发展状况

　　经济发展后,生活富裕的东南村人开始逐渐追求更高的生活时尚,体育锻炼活动就是其中之一。调研发现:东南村体育文化氛围浓厚,经常参加体育锻炼人比例高达 40% 以上,成规模的广场体育健身操更是成为该村一道美丽的"风景线"。在体育消费上,该村村民表现出较高的水平,不仅在体育服装鞋帽等方面具有明显的消费倾向,不少家庭还添置诸如跑步机、踏步机、乒乓球台、桌球桌等大件健身设备,而近 80% 的村民家中拥有诸如羽毛球拍等小件健身器材。在体育锻炼项目选择上,该村以广场健身操为主体,每天晚上都有 300 百人左右参加村部广场的健身操活动;早晚跑步、散步者也众多;此外,则为羽毛球、乒乓球、桌球等项目。在活动场所选择上,东南村形成一个集中区多个分散点的格局。其中集中区主要是村部前的村民健身活动广场,该广场是配置大功率照明设备的村民健身路径,配备了电子显示屏、高音设备等相关器材。该广场与村部体育健身活动室是村民业余体育活动的主要场所,而各分散点则包含村企健身场地(健身室)、村小体育场地以及村民自家庭院等。在体育锻炼意识方面,东南村村民总体上表现出较强的体育意识,大多认为体育锻炼是非常必要的。"生活水平提高了,需要多参加体育锻炼,以祛病延寿"是他们一般的认知态度。而对于体育锻炼的其他价值,村干部致力于通过体育活动"凝聚良好社会风气","提升村民幸福指数";村民相对关心团体锻炼对于"改善邻里关系"的价值。当然,理论上讲,城镇化建设进程中农民参与体育活动动机是复杂的,不仅取决于他们对体育活动价值的本体认识,还取决于外界影响因素,特别是社会发展主流思想的推进效应。按照阿玛蒂亚·森的观点,"一些需求的绝对满足取决于一个人相比其他人的相对位置"。在调研中,笔者发现:村民在解释为何参加锻炼时,大多强调"城里人是这样的",这反映了新农村中对于体育需求增加的参照性和农村思想意识动态特征。

这意味着农村体育中的城市化取向明显,他们参与体育活动的意识受社会主流发展的牵引,这也从侧面反映我国农村体育未来的走向,参照城市模式成为影响实现了工业化、产业化、城镇化的城郊村村民参加体育活动的重要因素。此外,村民还经常提及"大家都外来活动,我也就来了",该表述反映了村民参与体育活动的从众心理,也提示城镇化建设中关于农村体育活动氛围与文化培育的重要意义。东南村体育锻炼人群年龄特征方面,调研结果与前期相关成果相左,并没有出现"马鞍状"分布特征,显示为各年龄阶段都有,不过以中年人(31—60岁)为主体的状况,如村部广场健身活动中79.5%的锻炼者为中年人。事实上,在农村这部分人刚好是壮劳力,是农村生产活动的主力军。东南村村民体育锻炼人群分布特征,是否意味着在工业化和产业化推进的农村社区中,农村生产方式和生活方式的转变首先反映到其主体性实践对象中,并且他们首先觉醒享受富裕成果。相比于中年人,该村年轻人参加体育锻炼比例较少,仅占14.2%。究其原因主要涉及以下三方面:首先由于该村绝大多数村民家中近2年安装了宽带,年轻人在家上网、打游戏比例较大;其次该村存在众多家庭在市里购房的现象,而且大多为年轻子女,使许多年轻人转移出农村;最后,从年轻人体育锻炼项目选择上看,他们更乐意参加诸如篮球等具有激烈性的活动,这需要更为密切的合作伙伴,一旦条件不成熟就无法有效实现。而老年人参加的比例相对较低的原因可能与当地风俗流传有关,当地老年人一般承担家庭的主要家务,诸如烧饭、洗碗,收拾家院,辅导和"伺候"晚辈,这种乡风流变特征使他们没有足够时间外出活动。

关于村民体育活动季节性特征,前期相关研究成果显示:"春夏冬季健身人多而秋季较少",认为由于秋季农忙,村民往往无暇顾及体育活动,即季节性分布特征是由农村生产方式所决定的。在东南村调研中,本团队特别重视该问题,专门横跨四季(分别于5月、8月、10月、12月)深入东南村,并重点选取村部广场健身操为统计对象进行把握。结果显示,东南村广场健身操人数随季节变化发生了一定变化,显示为夏季人数多,冬季人数相对少,而春秋季节几乎持平。这种村民健身活动显示的季节变化特征,更多可能与广场健身操项目有关,因为在夏季,在广场纳凉人数增加,可能一部分人就加入健身操队伍中去,而冬季则缺乏非经常参加人群的介入。东南村村民体育活动没有显示传统农业生产的制约时效性,是否反映随着新农村建设推进,农村工业化、产业化发展后农民体育生活方式已经发生变化,体育已经成为其生活的一部分。而在活动时间分布上,调研中发现东南村体育活动显示以晚上为主,按人次计算(以某一时间的体育活动人数除以全天的人数),晚上活动占比达到63.15%,而早上活动人数相对较少,仅为14.38%。

3. 实证分析:城郊村与中心镇体育发展理路

探讨基于实地调研与考察可以看出,东南村及洛社镇体育保持蓬勃发展势头,取得了一定成就,甚至颠覆了传统农村体育旧有发展滞后面貌,显现了城镇化进程中农村体育新景象。面对如此状况,探寻是什么因素推进与制导了这种发展显得尤为重要。

(1)大力发展农村经济,将体育纳入村民幸福指数

在农村,村民最关心的是收入问题,实现农民增收致富,满足农民社会生活多样化需求,促进社会和谐和可持续发展是社会主义新农村建设的根本出发点,也是城郊村就地城镇化的基本立足点。东南村即把握该核心问题,坚持“宜工则工、宜商则商、宜养则养、宜种则种”,把服务群众增收致富作为最根本的服务内容,把农民变成农村经济发展的主体、农村民主政治的主人、农村文化繁荣的主角、农村社会进步的主力。事实上,在2000年前,东南村是一个贫穷的苏北农村,主要以棉花生产为主,人均耕地面积1.2亩,人均收入不足千元。在市场经济大潮中,该村围绕农产品的生产、加工发展路径,率先实现农业生产向纵深延伸,进行棉花深加工,并逐步进行工业化和产业化发展,成为一个项目聚集的纺织产业村。在推进工业化和村民收入增长的基础上,东南村推进集中居住,全面实施村公共基础设施建设,增设各种文化娱乐设施,让农民像城里人一样生活,不断提升全民幸福指数。当村民富裕后,各种自发的体育需求出现,不少家庭和村民出于自我爱好,开始自发参加各种体育活动或购置各种体育设施。在此背景下,为丰富居民的文化生活,进一步提升村民体育活动氛围,村里专门设置了体育健身活动场所、增设了体育健身器材;有步骤的介入与引导村民体育需求,收到良好效果。

总体来说,东南村并没有将农村体育单独作为一种文化形态来专门运作,而是将它的发展放在经济和社会发展整体中,通过提升村民的生活水平,塑造良好的社会文化氛围,适时进行相关引导。村干部即认为:“经

济发展了,富裕的村民就会意识到要参加体育锻炼,我们关键是提供服务,为锻炼者提供方便。"而村主任一再强调:"随着我村的发展,我们会越发重视村民的体育需求,不断提升体育设施,以满足村民需要,让村民像城里人一样。"

（2）强化村企的反哺效应,提升村民体育锻炼热情

工业化和产业化发展是东南村推进城镇化建设的基础。该村的工业化、产业化发展,又催生了一个重要的社会组织群体,即村企。该村现有各种企业 70 余家,村企组织形态成为该村的重要社会构件。在如此状况下,体育发展的推进中也少不了出现村企的影子。东南村体育的发展就是在充分发挥村企反哺作用的基础上,逐渐发展起来的。以该村体育场地设施而言,除去村小体育设施和省体育局配备了 1 副篮球架和 2 个乒乓球台以外,全部来源于村企的赞助,包括村部前的健身路径、村部广场电子音响设备和村体育活动室,等等。当然,村企的反哺效应不仅仅体现在为农村体育发展提供体育设施等物质资料支撑以及自发参与组织各种体育活动上,更为重要的是它的工业化本身就为村民生活方式转变提供可能,推进村民员工化,有利于村民体育行为的形成与提升。因为,村企的出现使农村存在亦工亦农或农民非农化阶层,这部分人的收入明显增加,生产和生活方式更类似于带有城市化特征的市民,体育活动需求更加明显,更易于参与体育活动。而且,以丰富企业员工(主体是村民)的业余文化生活,提升企业的凝聚力与归属感,村企自发加强自身的体育场地与设备建设,经常性的内部体育竞赛活动,如乒乓球、羽毛球以及篮球赛等,如宏华纺机等企业每年都会搞数次员工文体活动。虽然村企的体育组织活动大多是短期的快捷式运作的体育行为,但是它的示范作用是巨大的。而村企赞助农村体育文化活动的原因也很简单,"服务于大家也就服务于自己"是一个村企负责人的观点,这种观点带有明显的代表性。因为在农村这样的互识社会中,村企是依靠农民或农村支持而发展起来的,提升村民的社会文化氛围,就相当于提升村企的社会资本,使其立足农村的根更加扎实,这自然有利于自身的长期和快速成长。

（3）积极引导自组织体育活动,发挥体育带头人效应

从体育活动的组织状况来看,东南村基层组织介入村民体育活动相对而言是有限的。主要是由于该村尚无直接分管体育活动的村干部,而且现有体育社会指导员仅为 4 人,并且其中 3 人为村干部,且没有专业的体育教育经历,另 1 人为村小体育教师,直接参与村民体育活动的精力相对有限。理论上,一旦农村体育的他组织无法有效实现,则具有体育锻炼意愿的村民自发组织的体育活动往往会出现。事实上,东南村体育活动

演进的主要特征就是带有明显的自组织性,并突出表现在广场健身操组织上。2006年,当该村产业化、工业化已经初具规模时,该村3个村民自发在村部前广场通过录音机等自有设备开始健身操活动,随后健身操参加人数迅速增加,达到过百人,体育活动的自发行为或自我组织状况才逐渐受到重视。2008年初村部完成改造后,村委会决定在村部前安装电子显示屏、音响设备等,以方便村民健身活动,而至今村委方面没有专门安排人员进行相关组织与管理,仅仅有限介入,提供若干方便的支持。

当然,村民体育活动的自组织必然涉及起源阶段的体育技能获得,调研发现:在城市中生活过、通过电视或碟片教程自学是其主导方式。其中发起人中就有2人以前是在城里做生意,现在村子富裕后搬回的,他们的回归不仅带来了体育技能,更带来了城市生活的体育活动方式,加上村中原有的自发在自家庭院或楼上随着电视健身操锻炼者,两者的结合迅速形成规模。据说,他们的健身操队伍最多时有600人以上的规模,形成村中最大的景观。而随后,他们的健身操运动技能主要通过带头人的自学来获得,然后再逐渐推广。

4. 理论启示:新型城镇化进程中的村镇体育发展道路

作为地处江苏不发达地区的城郊村东南村以及地处江南富硕地区的中心镇洛社,通过立足于自身经济和社会发展,激发当地居民体育行为,并合理引导形成良好的发展局面。这类村镇的体育发展思路对于我国经历新农村建设洗礼并逐渐走向城镇化的城郊村和中心镇体育发展具有一定的借鉴性与启示性。

(1)需求涌现是新型城镇化建设进程中农村体育发展的逻辑起点

我国社会主义现代化建设起步于国家所有制的计划经济,是政府主导的社会转型过程,经济和社会发展的每一重大成就都有政府的痕迹,是不断改革与推进服务型政府演进的实践结果。在构建服务性政府的议题下,当前有关我国农村体育发展问题有一种重要走向,即将农村体育看作一种公共品,而我国农村体育发展滞后是由政府公共品配置不平衡因素引起的。按照西方经济学的经典理论,带有公共利益特性的体育公共服务需要依赖政府的介入,而且政府提供体育公共服务中要兼顾体育发展的公平。于是,大力发展农村体育,则需要加强农村体育公共品配置,换句话说,政府机制推进成为我国当前农村体育发展的根本动力因素。事实上,西方经济学的政府公共品供给理论是在凯恩斯主义以后出现并发展起来的。

在凯恩斯以前的西方经济学过多关注于生产环节,认为解决生产问题,不断发展生产从而增加经济产出即解决经济发展问题,而需求往往被看作是生产的末端环节,因此对消费需求相对漠视。随着生产水平和能力的提高,生产所带来的领先效应,严重制约经济的发展,于是关注消费需求就成为一种必然。凯恩斯主义就是在关注消费需求的背景下,主张合理利用政府机制,采用扩张性的经济政策,通过增加需求促进经济增长。而凯恩斯主义以后,萨缪尔逊在力图描述生产公共产品所需资源的最佳配置问题时,提出公共品的一般概念体系,并经过蒂鲍特、布坎南等人的发展而形成公共品理论。而且公共品理论体系中,政府借助公共品参与社会福利提升问题的一个重要前提在于社会利益一致问题。在福利视阈下,利益一致最有可能的出发点是基于需求的。通俗讲,就是内部公平、相似的需求基础是公共品发挥效用的基本要件,一旦内部存在利益冲突或其他干涉公平性因素,则公共品的负外部性效应彰显。比如,政府强制推进农村体育场地设施建设,为各村提供乒乓球台等物品,这种体育设施在村民锻炼意识不强或村组功效不明的状况下,可能会成为某些人专有的健身设施,而成为私品。这也意味着政府公共品供给机制作用于农村体育的起点在于农村体育需求。按照马斯诺的需求理论,人们只有在基本生活得以满足的情况下才追求高一级的需求满足。体育显然有别于诸如衣食住行等基本生活需求,而带有提升人们生活质量的价值意蕴,其发展必须有所依托。

从这个意义上讲,体育是在基本生活得到满足前提下的一种休闲活动方式,只有当农民或农村富裕后,劳作时间减少,休闲运动作为一种正当的、自然的人本需要出现时,农村体育才可以真正走上历史舞台。由此可以认为,农村体育发展中政府公共品供给首先应建立在改善农村经济、提高村民生活水平、激发农村体育需求上。此外,如果将新农村体育看作一个系统,则其发展推进机制涉及系统内外两方面作用力。其一外部作用机制,建构在农村体育本体性之外,涉及政府等组织外周推进上,如政府体育设施建设和体育文化氛围改善,等等;其二则是农村体育的内部作用机制,即通过农民或农村的体育需求增长,不断加强与催化自身体育发展。

事实上,农村体育"一定要建立在农民需求的基础上,需要有农民的自主参与",即立足于农村体育活动氛围和农民体育意识增强上,这是农村体育发展的本体性推进因素,是外部机制作用的附着点。当然,农民体育需求的出现也是需要条件的,即需要农村社会生产力的发展和农村社会的进步。因此,从这个意义上讲,新农村的工业化、产业化发展,通过发展农村经济,提高农民生活水平,提升农民体育锻炼意识,塑造良好的农村体育文化氛围成为引领新型城镇化建设中农村体育发展的关键因素。东南村体育发展的实践即证明在发展农村经济的前提下,通过提高农民的生活水平,激发农民体育需求,并适当加以引导是有效的。

（2）城市化体育是新型城镇化建设进程中农村体育发展的目标指向

农村体育的发展离不开农村发展的现实土壤和基础条件。而农村概念本身就是一个参照话语,"只有通过逻辑预设或话语中某些外现机制才能得以掌握"。首先农村体育话语中涉及一个逻辑预设,即当前性。因为,农村与城市是相对的,20世纪80年代偏远的渔村,现已发展成为国际性都市的深圳经历即明证。因此,脱离当前性预设谈农村及其体育也是毫无意义的。当然,农村是一个区位概念,是城市以外的区域,脱离城市谈农村则无现实意义。按此思路,则我国农村体育发展滞后的命题中一定暗含着农村体育落后于城市体育或城市与农村体育的整体系统。也就意味着,农村及其体育发展指向中内隐着向城市发展的意蕴。这显然是与当今社会发展,特别是我国新型城镇化发展的方向或思路相切合。

将农村体育发展指向城市,其发展意蕴中自然就包含谋求通过城市特质因素改变农村体育滞后局面。那么城市特质是什么?从一般形态上看,城市是工商业发达的人口密集区。18世纪后,西方工业化进程促进了社会生产力水平的提高,从而加快了城市的形成与发展。即现代城市的形成是机器大生产带来的工业现代化产物,工业化体现的高社会生产力水平是现代城市的形成动力源,而其生产和生活方式的现代化则成为其主要标志。于是,指向城市的农村体育发展就暗含着依赖带有城市特质的高度工业化水平来提升农村的发展现状,改善农民的社会水平和生活质量,提高其体育参与度。

在当前我国经济发展方式转换和构建和谐社会的背景下,要想实现中国经济的持续、稳定增长和社会安定团结和谐发展,农村的发展应该受到更多的关注。诚如,胡锦涛总书记在党的十六届四中全会上指出:"纵观一些工业化国家发展的历程,在工业化初始阶段,农业支持工业、为工业提供积累是带有普遍性的趋向;但在工业化达到相当程度以后,工业反哺农业、城市支持农村,实现工业与农业、城市与农村协调发展,也是带有普遍性的趋向。"我国在建国后的当长一段时间内,也强化工业发展,而发挥农业和农村的基础性支持作用,特别是改革开放后,而伴随我国工业化体系的完善,农村问题在城乡二元结构矛盾凸显下尤为明显,迫切需要由"农业支持工业"向"工业反哺农业"转换。在此背景下,我国社会主义新农村建设得到提出与践行。"推进社会主义新农村建设,必须全面深化农村改革,激发农村自身活力,在国家政策的扶持下,大力发展农村生产力,加快改善农村的生产生活条件和整体面貌,促进农村经济社会全面进步"。

而党的十八大提出的新型城镇化建设议题即一个"三化"同步推进的战略,"工业反哺农业、城市带领乡村"是其实践的根本指导方针。立足于农村生产发展,通过农村工业化、产业化改造,改善农民生活水平,在此基础上进行农村城镇化发展建设。由此可以看出,城镇化建设目标引领下的农村发展本身就带有明显的城市化取向,通过带有城市化特征的工业化和产业化生产来提升农村经济发展水平,通过城市化生活方式来引导农村社会发展。作为城镇化建设议题中体育发展自然也带有相似的逻辑性,引导农村体育发展向城市体育看齐。而东南村体育发展的实践无疑证明这种思路的恰当性。

（3）立足农村发展体育是城镇化进程中农村体育发展的思路选择

马克思认为,社会发展中经济基础发挥决定性作用,偏离经济基础去谈社会发展往往失去支撑。当然,农村体育的发展也离不开经济基础的决定性作用,唯有农村经济发展了,农民生活富裕了,体育才可能被提上日程。事实上,这指明了我国城镇化建设中农村体育发展的基本前提是农村经济发展。而在农村经济发展的基础上,指向城市化的农村体育发展思路就可以显现为:其一是减少农村,减少农民,将更多的农民吸引到城市中,并实现其身份城镇化、市民化,实现人口迁徙意义上的农村体育的城市化演变;其二则是发展农村,通过农村工业化、产业化升级,在农村建立起类似于城市的现代生活,催生农村体育城市化、社区化转型,实现农村的身体城镇化和体育生活城镇化的同步效应。

事实上,第一种思路,主要是基于英美等发达国家城市人口高比例及其农村发展路径而言的,"绝大多数农民要转变为二、三产业的工人和职员,绝大多数农民要转变为城镇居民,就是少量留在农村、农业的农民也转变为现代农业企业的经营者或农业产业工人,传统农业社会下的小农最后是要消失的"。该思路,实质上是将解决农村体育发展问题捆绑于城市化进程中,通过农村农民的非农化,即工业化、产业化发展,借助人口迁徙或区域改造等外生性因素实现农村体育的城镇化发展,其成本、风险和实践难度无疑是巨大的。理论上,城市化的路径是带有自然限制的,因为农村融入城市带有明显的地域问题,城郊村逐渐演变为城镇是世界范围内城市化的一般特征。当然,一旦城郊村城镇化没有顾及农村体育的发展性和人本性,而仅仅关注农村融入了城市这一实践现实,其风险也是巨大的。拉美国家的城市贫民窟问题,以及我国新近出现的有城无市的伪城镇化问题无疑证明该问题。从这个意义上讲,城郊村体育城镇化需重点关注农村体育是否得到有效发展,农民体育意识是否有效增强,体育活动是否进入其生活方式。

　　而且我国的现实情况是农村基数庞大,无法快速有效实现城市化发展,为此需要因地制宜、实现农村经济和社会发展,促进农村农业生产转型与产业升级,使农民收入多元化,从而改善农民的生活质量,在广大农村建立其类似于城市的现代农村社会文化生活,将体育融入农村经济发展和社会进步中,实现农村体育的发展。这也正是包括新型城镇化建设战略等国家政策的基本初衷。东南村的发展实践,即通过农村工业化、产业化发展,实实在在地改变原有村民的生活、工作方式和社会关系,使其具有城市生活、生产和社会特征,而在此背景下,衣食无忧的村民就需要丰富多彩的业余生活,体育自发进入他们生活中,成为其闲暇时的行为习惯。如此看来,选择内生的城镇化方式无疑是适合我国城郊村体育发展演变要求的,也是迎合新型城镇化建设需要的。

　　如果说,社会主义新农村体育建设是一种重要的历史命题,关系我国数亿农民的发展问题,那么新型城镇化建设则是其进一步提升阶段。在我国现有条件下,需要涉及多方力量的介入,包括政府和各种社会组织,更需要农村体育主体的自省,唯有建立在主体自省上的农村体育发展才有现实意义。东南村的体育发展实践提示:通过农村工业化和产业化发展,提升农民生活水平和生活方式,激发农民体育需求,是开启新型城镇化建设进程中农村体育发展的钥匙。当然,东南村作为东部沿海城郊村,其发展历程又带有明显的地域特质和个案特征,是否可以有效反映我国新型城镇化建设的一般样式还有待检验,但这似乎不会影响其就地城镇化的实践路径和自生式体育发展方式对我国新型城镇化建设进程中农村体育,特别是城郊村体育发展的示范意义。

三、新型城镇化背景下农村体育的发展走向

(一)新型城镇化背景下农村体育的发展环境

1.新型城镇化背景下农村体育自然生态环境

　　改革开放 30 多年来,中国农村经济变迁的发展速度十分迅猛。农村生产力水平迅速提高;农村居民消费水平持续升高;农村农业生产机械化程度提高的幅度较大,广大农民从繁重的农业生产方式中解脱出来,农民有了更多余暇时间,可以参与健身活动,进行更多可能的体育消费。由

于农村新型城镇化的速度加快,导致农村生活生存时空环境面临严峻考验。农业生产中农药化肥的使用过度,农村企业环保不达标,违法排放,造成农村生态水系的严重污染,水与空气污染指数提升,严重威胁着人们的健康。

客观上农村体育自然生态环境受到严重威协,甚至污染程度十分严重。农村体育生态环境的恶化,使农村居民与家庭体育开展的空间遭到了破坏性冲击。农村体育自然生态环境在保护方面,应坚持"预防为主,防治结合"的方针,一方面严格控制新的农村体育生态环境的破坏;另一方面综合运用法律、行政、经济多种手段,促使遭到破坏的自然体育生态区域,通过治理得以逐步恢复。

2. 新型城镇化背景下农村体育经济发展环境

随着新农村建设以及新型城镇化进程,当前我国农村体育经济发展环境逐步得到改善,主要体现在:第一,农村体育的内容和形式与地方经济发展水平相适应,如广东梅县的足球,东莞、石龙的举重,顺德、均安的女篮,江阴月城的龙舟等体育项目都在地方经济的助力下,重显风彩。再如农村体育搞得好的江苏宜兴埠镇、王顶堤村、中北斜乡、海安北凌等乡镇,都处于农村经济较发达地区。第二,农村体育发展与民间体育和民俗文化相结合。如东北大秧歌、河北沧州武术、山东潍坊风筝、西北安塞腰鼓、广州的龙舟和醒狮等,都反映地方农民喜闻乐见的体育文化传统项目。第三,农村体育发展与农业生产的特点相结合。如农民运动会上的自行车驮米袋比赛、拔河、摔跤、挑担子、扛重物等项目,都与农村生产和生活过程相关联。

随着农村经济的新常态发展,广大农民物质生活水平提高,农村"体育搭台,经济唱戏"的范式层出不穷。如广东顺德地区顺德龙舟队和均安女篮多次出访海外,促进了与海外同胞的零距离交流,推动当地外向型经济的快速发展;天津市东丽区东整村通过"乒乓外交"和外地进行经济合作;广西横县通过举办农运会比赛,将盛产的糖、白水泥、花茶等产品推向更广阔市场,带动了本县经济的发展。目前,农村体育经济发展环境处于快速发展期,在这一背景下,农村体育的经济价值将得到充分发挥,保持体育对农村经济的适应性和互促性,更好地实现农村体育与地方经济保持同频共振、随动发展的关系。

3. 新型城镇化背景下农村体育社会政治环境

农村基层政治民主是我国政治体制改革的重要组成部分。村镇民主政治的推进,也在一定程度上影响着农村体育的实施过程。在计划经济时代,农村行政集权,农村体育服务于政治需要,并不是农民发自内心的需求。因此,农村体育的"边缘化"十分严重。党的建设社会主义新农村战略决策实施以来,农村基层民主政治的改革,淡化了行政集权,村民不断增强自我管理、自我发展的意识。农民向上一级的诉求输通与表达方式呈现多元化渠道环境,公民体育参与权得到伸张,农民真正的体育需求将在一定程度上表达出来,为各级政府相关部门提供准确与可靠的农村体育服务综合信息。

农村体育社会政治环境的改善,使体育能够在农村社会政治经济发展的历史进程中,得到其应该具有的地位。农村体育在自我发展的同时,要积极参与农村经济政治建设,实现与政治、经济的互动发展。现阶段我国农村体育的公益性和社会福利性占主导地位,农村体育的薄弱状况与社会主义新农村、和谐社会建设不相对称。这就要求各级政府从政治大局出发,重视为农村提供与城市相等的社会体育服务,建立与完善农村基本体育服务体系,切实保障农村居民健身需求,推动新型城镇化背景下的农村和谐社会建设。

4. 新型城镇化背景下农村体育法制建设环境

目前,我国农村体育法制建设环境有了较大改善。现有《体育法》《全民健身条例》《体育改革与发展纲要》《农村体育工作暂行规定》《关于实施农民体育健身工程的意见》等主要法规文件,为我国农村体育的发展奠定法治基础。全国各地区也根据自身实际,制定相关政策法规,如《江苏省全民健身条例》《县级体育工作考核标准和办法》等,加强城乡统筹发展,把农村体育纳入法制轨道,纳入规划建设之中,从法律的视角加以规范,实现农村体育在发展过程中有法可依;建立农村体育符合法制的良性发展的运行机制,维护公平公正,从法律制度上全面推进农村经济和全民健身活动健康、可持续发展,保障农村体育为全民健身事业发展服务。

按照农村体育事业发展的需要,对农村体育实施依法治理,还有相当长的道路。由于我国"城乡分治"的二元格局影响,农村体育法制建设与农村体育事业发展的需要差距较大。现行的农村体育相关法规,可操作性差、结构层次低、法律法规内容过时、效力偏低。所以,客观上农村体育工作缺乏具有针对性的政策法规加以保障,容易出现农村体育工作无法可依的不利局面,遇到实际问题很难通过法律手段解决。农村体育政策与法规的欠缺,容易出现管理错位和行政支持不作为的现象。因此,各级政府应在法治建设道路上,建立与完善农村体育发展的政策法规。

(二)新型城镇化背景下农村体育面临的机遇和挑战

新型城镇化建设促进了农村经济发展、带动了农村各类资源的集聚效应,为农村体育创造了良好的发展环境,给农村体育带来了难得的发展机遇,但也面临多种问题与挑战。

1. 体育人力资源开发是农村体育面临的重要任务

新型城镇化的核心是人的城镇化,农村体育发展最终服务于人的发展,提升村镇人群生活质量。人是农村体育的服务对象,也是发展主体,因此提高农村人群体育意识、发掘农村体育人力资源是农村体育面临的重要任务。农村体育人力资源是指自愿服务于农村体育工作的各类人群。加快农村体育人力资源的开发是我国农村体育发展中一项重要的基础性工作。新型城镇化背景下农民对体育的需求呈不断增加的趋势,开展农村体育教育培训、促进体育消费增长、建立多元化的产业结构、传承农村民族传统体育文化等,都需要具有体育专业知识技能基础的人或团队来付诸实施。如果没有高质量的体育专业人才服务于农村体育事业,那么农村体育落后的面貌很难改变,也很难实现农村体育现代化的目标。

当前,农村体育人力资源缺乏的主要因素有:第一,地方各级政府对农村体育专业人才的培养工作重视不够,认知程度偏低,普遍存在体育与农村经济开发关系不紧密,在很大程度上导致这项工作处于"原始"状态。第二,农村教育培训体系缺少专门体育培训项目。国家与各级地方政府每年都要设立专项资金用于农村经济人力资源的培训与开发,但较少设置体育人力资源的发展培训计划,客观上形成农民普遍体育知识技能水平偏低的现状。第三,当前农村人群和体育工作参与者对农村体育经济开发缺乏前瞻性、经济性的准确判断,难以把握农村体育经济发展的有利时机。因此,农村体育要实现可持续发展必须重视农村体育人力资源开发与利用。

农村体育人力资源的开发与利用的主要策略有:第一,各级政府职能部门必须充分认识农村体育人力资源对新型城镇化建设的重要作用,要把农村体育人力资源开发作为解决农村体育问题的重要内容。第二,乡镇职能部门要将农村体育人力资源培训纳入农村社会教育体系,开展具有针对性的农村体育产业、体育经济管理、体育文化、体育竞赛、社会体育服务等专门培训,培养专门性与实用性的农村体育人才。第三,改善与优化现行农村体育人力资源结构,乡镇要设立体育专业管理岗位,确定人员编制。从根本上改变乡镇没有体育"正规军"的现状。第四,乡镇要建立农村体育人力资源管理体系,从制度上规范农村体育人力资源的开发和利用;通过激励政策,鼓励乡镇居民创新农村体育产业,为发展农村体育经济服务。要通过宏观调控与微观管理,不断提高农村体育人力资源的质量,为实现农村全面小康社会与和谐社会的发展目标打下坚实的人力资源基础。

2. 城乡体育统筹是发展农村体育需要着力解决的问题

统筹城乡发展,建立以工促农、以城带乡的长效机制,形成城乡经济社会发展一体化新格局,是党的十七大报告提出的要求。城乡统筹发展现代化体育事业,农村体育是工作的重点对象,其难点在思想观念的更新,克服思想上的误区。要以科学发展观为指导,通盘思考规划设计、经费机制、设施建设、组织活动。城乡体育统筹发展的特征是渐进性、复杂性、长期性和系统性。在社会发展系统中,将地区城镇和农村体育的发展进行统一规划,全盘考量,协调各方,分步实施。要体现城乡统筹的统一性与协调性,地区所属城乡体育经费预算、投入分配以及体育基础设施建设、体育专门人才培养、体育竞赛活动、体育管理运行等方面都要逐步实现均衡发展;地方乡镇村组体育发展应纳入乡镇建设规划之中;城乡体育服务要体现配套性,城乡公共体育服务与其他公共服务、社会事业相配套,追求城乡体育服务综合效益。

城乡统筹的落脚点在推进农村体育的全面开展。各级政府及职能部门应在科普宣传周组织由专家学者组成的体育科普讲师团,到基层农村开展体育科普知识讲座、培养农村体育骨干力量等活动,乡镇职能部门要帮助村组开展群众性体育活动。组织各项体育活动的时间要有灵活性,如农闲时间、长假期间、各种节日与纪念日等,组织村镇居民参与具有地方特色、形式各异的体育文化活动,使农民成为体育活动的主体。要创建县(市)级基层农村特色体育项目评比;以乡镇为单位,统筹建立城乡体育工作运行机制,形成乡镇有体育队伍、村组有体育特色项目,广泛普及具有时尚性、健身性、地域性特色的农村体育项目。

3. 盘活产业经济是发展农村体育的基础

我国农村公共体育服务的基础与城市相比差距较大,农村体育条件差、公共医疗条件差、公共基础设施差、社会保障基础差,对农村体育发展产生的负面影响较大。农村利用学校和企业单位的运动场地参加体育锻炼的人数比例较小,大多数农民只能在家前屋后、村组道路两侧进行健身活动。农村体育市场处于初始状态,规模较小,缺乏必要的体育产业政策支撑。农村少量体育用品企业驾驭市场的能力较弱,缺乏成熟度,存在无政策扶持、投资行为盲目性大、经济行为不规范等问题。

经济是农村体育发展的基础。农村体育产业发展的水平、速度、规模与效益,很大程度上取决于地方经济市场发展水平。发展农村体育产业经济的首要任务是积极培育农村体育产业市场。凡是有体育消费需求,就应当建立相应的产业市场。体育类的各种消费需求是体育产业市场形成与发展的内在推动力。农村区域内的一切体育经营与服务活动,其目标直接指向农村消费者。因此,不断拓展农村体育产业的新领域、新项目、新产品、新市场,是农村体育产业发展的需要。只要满足农村居民需求、有市场发展潜力的体育服务项目,都应积极以市场为发展平台,以适应农村不同乡镇、不同体育消费群体的不同需求。

农村体育的发展越来越趋向于娱乐性与休闲健身性。向自然体育融合与挑战在乡镇健身活动发展中已成为一种运动时尚。农村具有生态的、广阔的、自然的、绿色的健身场所,各地农村乡镇可根据所处地理环境优势,开发登山、滑沙、攀岩、激流冲浪、蹦极、海上运动等体育产业化与体育旅游经营项目,吸引人们走进自然状态下的生态体育环境、体验自然体育运动实践的愉悦、挑战自然体育以实现对自我的超越、对人生价值观的提升。加快促进当地体育旅游经营附属设施的建设,让更多的农村居民加入休闲健身服务行业,通过家庭式、超市合作式、网络营销式、连锁经营式等多元化管理模式的实施,增加农村新型乡镇体育产业与服务业收入。

4. 改善组织机制是发展农村体育的主线

体育组织网络在发展农村体育、构建全民健身体系中发挥着十分重要的作用。应坚持各级农民体育协会制度,并逐步延伸到农村基层乡镇,较大的农村企业、行政村也成立农民体育协会。各地乡镇、富裕村组的体育指导站和晨(晚)健身点数量庞大,活动正常,参与人数不计其数,活动项目种类繁多,表现出旺盛的生命力与时代风貌,更需要有效的组织与管理。晨(晚)健身点是具有农村体育特色的健身组织,农村乡镇健身点主要以自愿原则组建,实行自愿参与、自愿投入、自选项目、自我管理、自我监督的组织管理模式。市县体育局应颁发《关于进一步加强城乡晨(晚)健身点建设的意见》,并列入城乡全民健身体系工程,列入市县各级优秀体育乡镇评选与群众体育工作考核内容。

目前基层体育组织类型多样,发展较快,但依然存在农村基层体育组织发展的不平衡性。农村经营性健身组织缺乏,缺乏行业管理,规模偏小；缺乏农村基层体育组织政策配套和有效的运行机制。农村基层体育组织对体育资源的过分依赖,导致其活动功能、组织活力和社会影响力弱化,客观上限制了农村基层体育组织作用的发挥。

基层体育组织的完善关系到农村体育健康有序的发展,应加强农村基层体育组织规范,增强农村体育活力。第一,明确农村基层体育组织的角色定位,强化体育类民办非企业单位登记管理,实施"自组集体、自筹经费、自组活动、自我生存、自我发展"的自治管理模式。第二,要在现有组织基础之上,完善类型、丰富形式,理顺关系,提高活动效能。第三,政府加大扶持力度,制定奖励政策。乡镇政府职能部门应在相关部门的配合与协调下,制定各类体育组织管理细则和奖惩条例,调动农村基层体育组织的积极性。第四,建立创新机制,促进农村基层体育组织跨越式发展。坚持以人为本的农村体育发展思想,政府部门给予政策支撑;乡镇与村组给予资源支撑;企业给予资金支撑;组织成员给予参与支撑。最终实现农村体育组织有序发展、推动农村体育进步。

第四章　新型城镇化背景下农村体育发展现状考察

一、新型城镇化背景下东部地区农村体育现状考察：以江苏为例

我国新型城镇化建设对农村体育的改革与发展产生了巨大的影响。然而农村体育发展存在很大的不平衡状态。本课题运用文献资料法、问卷调查法、数理统计法、分析比较法等研究方法,通过中国学术期刊网查阅我国新型城镇化发展历程以及江苏农村体育方面的研究文献资料,为课题研究提供方法与理论支撑。并设计农村体育发展状况调查问卷,由课题组委托成员到苏南、苏中、苏北三市进行现场调研,对现场调研获得的数据通过计算机进行统计学处理,应用体育学理论与方法对江苏省不同地区农村体育所存在的差异进行比较分析。江苏省是全国经济强省,新型城镇化建设处于领先地位。江苏省农村体育目前处于什么样的状态与水平,通过本课题研究,可以较为清晰地看到苏南、苏中、苏北农村群众体育的现状,希望能为新型城镇化背景下中国农村体育发展策略研究提供参考。

（一）江苏省被调查地区的基本状况

江苏省是中国东部最发达的地区之一,共有 13 个地级市,98 个县(市、区),其中 21 个县级市、21 个县、56 个市辖区,含 876 个乡镇。全省总面积 10.72 万平方公里,占全国总面积的 1.12%,列第 24 位,截至 2014 年底,全省常住人口总量 7960.06 万人,每平方公里达到 743 人,人口密度居全国各省、自治区首位。2014 年,江苏省 GDP 达到 6.51 万亿元,列全国第二位。13 个地级市 GDP 全部进入中国前 100 名,人均 GDP 达到 81874 元,居中国各省首位。2014 年,江苏居民人均可支配收入 27173 元,其中城镇居民人均可支配收入 34346 元,农村居民人均可支配收入 14958 元。居民人均消费支出 19164 元。江苏是城乡居民收入比中国各

省区中差异较小的省份之一。2014 年,江苏城镇化率为 65.2%[①]。课题组分别选取了苏北、苏中、苏南三个地级市的 8 个乡镇进行调查,现对这些地区的经济社会发展基本情况作一简略介绍。

淮安市位于江苏省中北部(苏北),2014 年末常住总人口 485.21 万人,当年全市实现地区生产总值 2455.39 亿元,居江苏省 13 个地级市的第 11 位,人均 GDP 达到 50736 元。常住居民人均可支配收入 19110 元。城镇居民人均可支配收入 25798 元,人均消费性支出 14703 元。农村居民人均可支配收入 12010 元,人均生活消费支出 7836 元[②]。

淮安市淮安区共辖 21 个镇,5 个乡,计 308 个村民委员会,44 个居民委员会。总人口 118.74 万人,常住人口 97.42 万人。2014 年实现地区生产总值 326.32 亿元,财政总收入 42.99 亿元,城镇居民人均可支配收入 20500元,农民人均纯收入 11240 元。淮安区钦工镇因清朝康熙年间钦差大臣在此督工治水而得名,是有数百年历史的古镇。全镇总面积 60 平方公里,共有人口 3.5 万人,农村人口 3.2 万人,4.2 万亩耕地,辖 12 个行政村。

淮安市淮阴区 2001 年撤县建区,区域面积 1264 平方公里,下辖 21个乡镇和 1 个省级高新技术产业开发区,90 万人口。2014 年实现地区生产总值 351.9 亿元;完成一般公共预算收入 39.2 亿元;城乡居民人均可支配收入分别达到 24039 元和 11215 元。淮阴区棉花庄镇位于淮安市区北郊,紧邻淮阴经济开发区和淮安火车站,236 省道及宁连、宁淮高速公路穿境而过,交通便捷。区域面积 62.76 平方公里,辖 13 个行政村,总人口 4.7 万人。

淮安市金湖县辖 11 个镇(黎城镇、戴楼镇、金南镇、闵桥镇、涂沟镇、陈桥镇等),1 个省级经济开发区。2013 年金湖县完成地区生产总值 166.42 亿元;公共财政预算收入 18.27 亿元;税收占比 89.1%,继续保持全市第一,全省领先。2013 年城镇居民人均可支配收入达 24260 元、农村居民人均纯收入达 11931 元,在全市率先被认定为省小康县。

泰州市地处江苏省中部(苏中地区),长江北岸,是长三角中心城市之一。全市总面积 5787 平方公里,总人口 508 万人,现辖靖江、泰兴、兴化三个县级市,海陵、高港、姜堰三区和泰州医药高新区。2014 年,全市实现地区生产总值 3300 亿元,位居江苏省 13 个地级市的第 9 名。

泰州市海陵区现辖 3 个镇,6 个街道,1 个省级工业园区、1 个省级新能源产业园、1 个省级物流园、1 个省级现代农业科技示范园,总面积 300

---

① 　江苏省统计局 .2014 年江苏省国民经济和社会发展统计公报 [R].2015-03-08.
② 　淮安市统计局 . 淮安市 2014 年国民经济和社会发展统计公报 [R].2015-05-13.

平方公里、总人口 50 万人。海陵区寺巷街道办事处行政区域面积 31.48 平方公里,人口 3.85 万人。实现地区生产总值 7.4 亿元,人均 17635 元。

泰兴市黄桥镇地处苏中平原,位于泰兴、如皋、海安、姜堰、靖江五县 (市)中心,是苏中苏北地区规模最大的城镇之一,也是泰兴东部地区经济、文化、商贸和交通中心。黄桥全镇下辖 12 个居委会、55 个村委会。辖区总面积 175.95 平方公里,人口 19.12 万人,其中镇区面积 10 平方公里、人口近 10 万人。

靖江市总面积 665 平方公里,人口 68.5 万人,辖 1 个国家级经济技术开发区(靖江经济技术开发区)、1 个省级开发区(江阴—靖江工业园区)、8 个镇、1 个街道和 3 个办事处。拥有优质长江岸线 52.3 公里,为国家一类独立开放口岸。2014 年,完成地区生产总值 713.7 亿元,实现公共财政预算收入 59.1 亿元,县域经济和基本竞争力居全国百强县第 26 位。靖江市城南办事处位于靖江市南郊,南与江阴隔江相望。辖区总人口 3.93 万人,面积 3512 公顷,辖街道办事处 1 个、行政村 7 个、社区居民委员会 8 个。全年实现地区生产总值 29.55 亿元,人均国内生产总值 62263 元。

苏州市东傍上海、南接浙江、西抱太湖、北依长江,总面积 8488.42 平方公里,2014 年末全市常住人口 1060.4 万人,城镇化率 73.95%,全市实现地区生产总值 13761 亿元,人均地区生产总值(按常住人口计算)13 万元。苏州的经济实力在江苏全省乃至全国都位居第一。

苏州昆山市地处长江三角洲太湖平原,东邻上海,西接苏州,是江苏的东大门,浦东的连接站。总面积 927.68 平方公里,全市常住人口 164.7 万人,全市实现地区生产总值 2920.08 亿元,按常住人口计算的人均地区生产总值达 17.79 万元。是中国大陆经济实力最强县级市,连续多年被评为全国百强县之首。连续五年在福布斯中国大陆最佳县级城市排名中位列第一,连续九年获得中国中小城市综合实力百强县市第一。昆山经济技术开发区创办于 1985 年,1991 年 1 月被江苏省人民政府列为省重点开发区,1992 年 8 月经国务院批准成为国家级开发区。经过十多年的开发建设,昆山开发区已基本形成一个具有现代化气息的综合产业园区。

苏州吴江市东邻上海、西濒太湖、南连浙江、北依苏州,地处以上海为龙头的长三角腹地。面积 1176 平方公里,现有常住人口 127 万人,下辖 1 个国家级开发区、2 个省级高新区、1 个省级旅游度假区和 8 个镇,250 个行政村。2014 年实现地区生产总值 1500 亿元,公共财政预算收入 137.4 亿元,城镇居民人均可支配收入 47300 元、农村居民人均可支配收入 23600 元。吴江市平望镇位于苏、浙、皖、沪三省一市的中心,连结长江三角洲中最富裕的苏、锡、常地区和杭、嘉、湖地区,既是整个华东地区重要的水陆交通枢纽,也是"苏杭天堂走廊"上的一颗明珠。全镇行政区域面积 133.5 平方公里,总人口 8.3 万人。2013 年,全镇实现地区生产总值超 100 亿元,公共财政预算收入 5.56 亿元。有 20 支文艺团队广泛开展各类群众性文化活动,极大地丰富了人民群众的精神文化生活。

(二)江苏省农村乡镇被调查人群基本状况

1. 农村体育参与人群的性别与年龄特征

表 4-1　江苏省不同地区被调查乡镇及被调查对象性别分布

地级市	县区镇	有效问卷	男	女
淮安 N=146	淮安区钦工镇	50	27	23
	淮阴区棉花镇	48	24	24
	金湖县陈桥镇	48	26	22
泰州 N=149	海陵区寺巷镇	50	32	18
	泰兴市黄桥镇	50	27	23
	靖江市城南镇	49	19	30
苏州 N=100	昆山市开发区	50	26	24
	吴江市平望镇	50	29	21

表 4-1 反映了本课题组在江苏省不同地区乡镇抽取调查对象的性别分布状况。根据江苏省经济发展的总体情况,分别选取苏北、苏中、苏南三个地区的地级市展开调查工作。苏北选取了淮安市,苏中选取了泰州市,苏南选取了苏州市。每个地级市选取 2—3 个乡镇,在每个乡镇向参与体育健身人群发放 50 份调查问卷,调查回收后经整理,获得淮安市农村乡镇有效问卷 146 份,泰州市农村乡镇有效问卷 149 份,苏州市农村乡镇有效问卷 100 份。各乡镇的问卷数量及男女性别分布如表 4-1 所示。

表 4-2　江苏省不同地区农村体育参与人群年龄特征

地　域	人群年龄特征					
	老年		中年		青年	
	人数	比例	人数	比例	人数	比例
苏北(n=146)	102	69.86%	26	17.81%	18	12.33%
苏中(n=149)	86	57.72%	34	22.82%	29	19.46%
苏南(n=100)	47	47%	21	21%	22	22%

从表 4-2 可以看出：江苏省不同地区农村参与体育活动的人群中，苏北地区老年人比例较高；苏中地区中年人比例较高；而苏南地区则青年人比例较高。

2.农村体育参与人群的职业与学历结构

从图 4-1 可反映出江苏省不同地区农村被调查对象的职业分布为，个体经营者比例较高；务农人员约占苏南 11%、苏中 10%、苏北 14%。由此可见，江苏省不同地区农村参与体育活动的人群中，实际从事农业劳动的人群比例并不高。从图 4-2 可以看出，江苏省不同地区农村人群的学历结构以初高中学历为主。

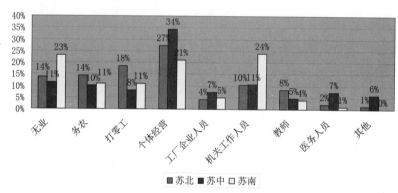

图 4-1　江苏省不同地区农村人群被调查对象的职业分布

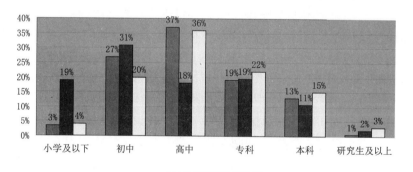

图 4-2　江苏省不同地区农村人群被调查对象的学历结构

从图 4-3 可以看出：江苏省不同地区农村人群体育活动的友伴选择，主要是家人、邻居、常在一起锻炼的熟人。由此反映，由于农村参与体育活动人群的学历层偏低，客观上会对从理论上认知体育的程度存在不足，从实践上掌握运动动作技能速度偏慢。选择和家人、邻居、常在一起锻炼的熟人作为锻炼友伴，有利于和谐家庭、和谐村组、和谐社区的建设。

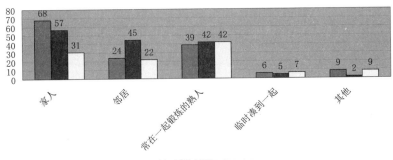

图 4-3　江苏省不同地区农村人群体育活动的友伴选择

如何增加不同地区农村参与体育活动的人群。第一,加强科学健身普及工作。第二,建立乡镇全民健身指导中心与村组全民健身指导站。第三,开办农村健身指导培训学校。第四,组织开展科学健身典型乡镇或村组或家庭评选活动。

(三)江苏省农村乡镇人群的体育消费状况

1.农村乡镇人群体育消费基本情况

农村体育消费水平对服务体系的建立起着决定作用。从图 4-4、图 4-5、图 4-6 可以看出江苏省不同地区被调查对象的年收入、体育服装年消费、体育器材年消费状况,总体而言,苏南高于苏中,苏中高于苏北。基本上反映出苏南农村经济基础较好,农村人群年收入较高,用于体育消费的份额相对苏中与苏北要高;尤其是花钱购买运动服装与体育器材方面,比较开放,愿意花费购买高档品牌的各类运动服装与适用家庭的运动健身器材,而且比较普遍。这与苏南农村体育服务体系的基础相对较好密切相关。而苏中与苏北农村人群中只有少数可以达到较高消费水平。

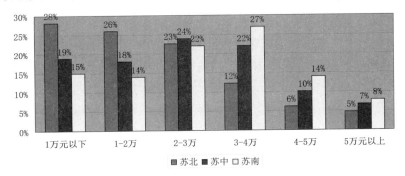

图 4-4　江苏省不同地区农村人群被调查对象的年收入状况

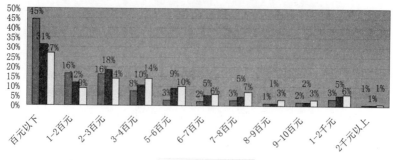

图4-5　江苏省不同地区农村人群体育服装年消费状况

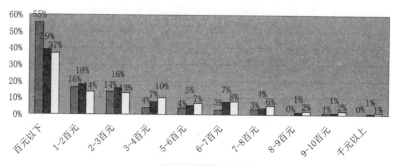

图4-6　江苏省不同地区农村人群体育器材年消费状况

2. 农村乡镇人群对体育消费场所和体育技能培训价格的心理预期

从图4-7看出,江苏省不同地区农村人群对体育场所价格的预期价格区间基本趋于一致,在5—20元。图4-8表明对体育技能培训价格的预期与上相似。图4-9反映出江苏省不同地区农村大部分人群愿意参与体育技能培训。这表明:江苏省不同地区农村人群愿意尽量花少部分费用,参与体育场所活动以及社会体育技能培训活动。为什么会产生这样的现状,首先,江苏省不同地区农村人群的体育思想观念有待更新与提高,对公益性体育福利的依赖性还比较重。其次,苏中与苏北农村人群的经济基础水平决定了大多数人选择偏低的体育消费支出。再次,目前,江苏省农村公共体育服务体系的发展还处于初级阶段,不太可能全面推广高消费的体育与健身服务项目。最后,江苏省不同地区农村人群的体育活动方式呈现低消费的格局,打破这种平衡状态需要一个渐进的过程。

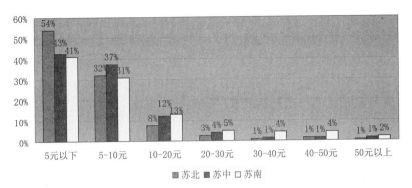

图 4-7　江苏省不同地区农村人群对收费体育场所价格的预期

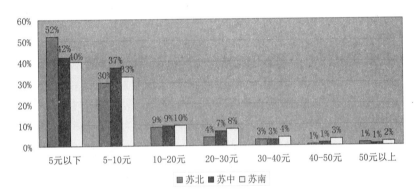

图 4-8　江苏省不同地区农村人群对体育技能培训价格的预期

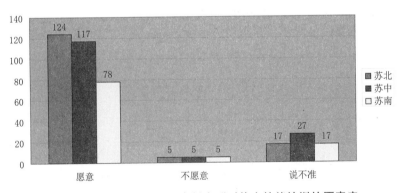

图 4-9　江苏省不同地区农村人群对体育技能培训的愿意度

3.提高农村乡镇人群体育消费水平的策略建议

如何提高江苏省不同地区农村人群的体育消费水平。第一,加强农村公共体育服务体系建设,形成多元化的体育服务模式。第二,加快农村体育消费市场建设与拓展,开展丰富的、科学的、适用的体育市场营销活动。第三,建立以公益性带动市场性的体育服务机制,促使不同地区农村人群享受到体育健身活动的惠利。第四,加强不同地区农村的体育科普宣传,切实转变人们体育观念。第五,积极开展不同地区农村人群的各种体育培训,建立相应的培训机构,实行免费培训与收费培训相结合,让广大农民群众感受到收费培训的真实价值。

(四)江苏省农村乡镇人群的体育活动状况

1.体育需求

体育需求是指人们因个体生理原因或社会原因而产生从事体育活动的期望目标。体育需求是人们参与体育锻炼的内在动力因素。从图4-10可以看出,江苏省苏南、苏中、苏北农村人群体育需求都把健身放在第一位,娱乐放在第二位;交友与治病放在第三与第四位,第五位打发时间,苏北有14%的人选取,而苏南与苏中只有7%的人选取。结果反映:苏北与苏南、苏中农村人群的体育需求存在差异。苏北农村中约有14%的人群对体育需求的迫切性与自我性不够强烈,认为参与体育锻炼仅仅是打发时间。说明对体育的认知程度偏低。而苏南农村人群把健身需求作为重点,体现了参与体育活动动机的准确性与激励性。而苏中农村人群选择娱乐需求的要比苏南与苏北高,反映出苏中地区农村人群的生活方式变化,更愿意使体育成为休闲娱乐的生活方式,讲究生活体育的质量。上述结果展示出苏南、苏中、苏北农村人群体育需求存在差异性与层次性。

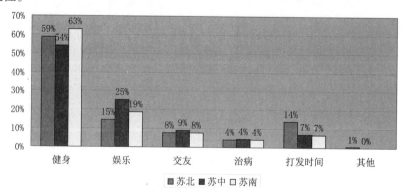

图4-10 江苏省不同地区农村人群体育需求的目标取向

如何让江苏省农村人群的体育需求能够"体现本质,多元选择"。第一,全面贯彻落实江苏省人民政府《关于支持苏北地区全面小康建设的意见》精神,全力推进苏北地区新型工业化、新型城镇化、农业现代化和信息化,实施一批中大型工程建设,推进新一轮苏南产业转移苏北、共建产业园区,促进苏北地方经济又好又快发展,同时促进苏北农村体育事业快速发展。第二,苏北各级政府部分要重视农村公共体育服务体系的建立与发展。第三,苏北各级政府要把发展农村体育纳入"十三五"建设规划,确保如期实现全面小康目标任务。第四,强化农村体育基础设施建设,加大农村体育人才和体育科技支持力度。为江苏省苏南、苏中、苏北农村体育满足人们的需求。

2. 体育活动项目内容

从图 4-11 可以看出,苏南农村人群选择体育活动内容的排序是健身走、跑步与篮球、健身操舞蹈、羽毛球、乒乓球、网球、武术与气功太极。苏中农村人群选择体育活动内容的排序是跑步、健身走、羽毛球、篮球、健身操舞蹈与乒乓球、武术与气功太极、足球、排球、网球。苏南农村人群选择体育活动内容的排序是跑步、健身走、篮球、健身操舞蹈、羽毛球、乒乓球、网球、排球、足球、其他、武术、气功太极。体育活动内容一般是个体根据自我爱好以及运动技术基础所选择的。健身走与跑步项目之所以被江苏省苏南、苏中、苏北农村人群所普选,首先是健身走与跑步项目技术与场地器材要求不高,更接近于自然生态状态,便于运动实践操作。其次是球类项目,因为地方举行运动竞赛较多的就是篮球、羽毛球、乒乓球项目。最后,健身操舞蹈项目选择的人群也较多,这与现代广场舞的发展相关,苏南、苏中、苏北农村女性人群将会越来越多地选择广场舞。

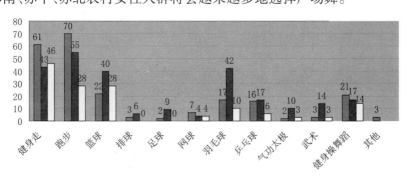

图 4-11　江苏省不同地区农村人群体育活动项目选择

由此可见,江苏省苏南、苏中、苏北农村人群体育活动项目应该向更加广泛的方向发展。第一,各镇村要创造条件,设置广场舞专门场地,便于村民活动,而不影响生活环境与交通。第二,积极组织推广新型的生态运动项目,要求是参与的人数多,技术简单,便于表演与竞赛。通过不断地丰富农村体育活动内容,凝聚村民和谐生活的力量。第三,对现有竞技项目进行改造与推广,成为受农村广大农民喜爱的运动方式,如三人制篮球、五人制足球、老年排球等。

3. 体育活动参与次数

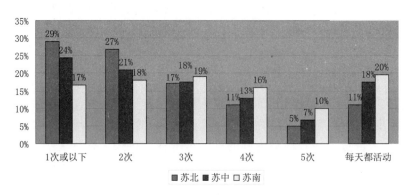

图 4-12　江苏省不同地区农村人群每周体育活动次数

从图 4-12 可以看出:江苏省农村人群每周参与体育活动次数为:每周 1 次或以下、2 次的以苏中、苏北偏多;每周 3 次的三地区基本持平;每周 4 次、5 次与每天都活动的苏南所占比例较大,其次是苏中,最后是苏北。每周参与体育活动次数可以反映农村人群参与体育活动的自觉性与主动性。并与不同人群对体育活动的重视程度相关。

如何增加农村人群每周参与体育活动次数,关键在个体的主观能动性。第一,要正确认知参与体育活动对自我生活的作用。第二,合理安排工作、生活、锻炼的作息时间。第三,选择适合自我兴趣的活动内容。第四,培养自我锻炼的意志与习惯。

4. 体育活动的时间段

从图 4-13 可以看出:江苏省农村人群每周参与体育活动的时间以晚上所占比例最大、其次是早晨,下午,上午参与体育活动的比例较小。这基本上能反映农村人群每周参与体育活动的规律。一般晚上休闲时间较多,一部分人集聚在一起,跳广场舞、健身操、交谊舞、民间舞等,活动的项目内容较多。很多人早晨喜欢参与体育活动,上午、下午需要从事劳动生产或其他方式的工作,老年人需要做家务,主要在时间方面不允许参与体育活动。

如何合理地安排体育活动的时间段,必须依据自我生活方式与习惯加以控制与调节。第一,在职工作与田间劳作人群可重点选择晚间时段参与体育活动。第二,退休人群与老年人可适当选择下午时段参与体育活动。因为下午锻炼有利于人体调整"生物钟",更加安全、更有力气、耐力更好、体温更高。第三,提倡晚上避免参与激烈运动。

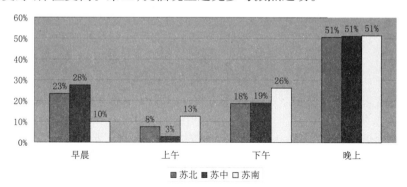

图 4-13　江苏省不同地区农村人群参与体育活动的时间段

5. 体育活动的地点

从图 4-14、图 4-15 可以看出:江苏省不同地区农村人群参与体育活动的地点选择状况。首选地点为小区周边空地,其次是附近广场或学校单位;而选择健身会所的人数偏低。这说明江苏省不同地区农村人群对选择体育活动的地点基本保持一致。江苏省不同地区所有健身会所都是收费的。一方面人们对健身会所的收费服务不太了解。另一方面很多人认为,体育锻炼越简单越好,只要锻炼出汗就可以了。图 15 表示,江苏省不同地区农村人群对体育活动地点与住所距离的期望,一般都在步行10—15 分钟都能到的范围。

如何选择体育活动的地点十分的重要。第一,乡镇政府要积极创造条件,设置专门的锻炼广场。第二,村委员要根据自身实际,因地制宜地修建活动"绿色通道"。第三,农村人群可在家前屋后,通过平整、植被、绿化的方式修建体育活动场地。

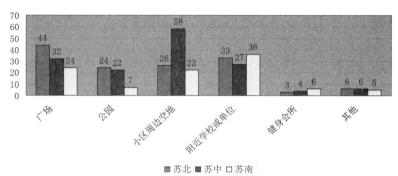

图 4-14　江苏省不同地区农村人群参与体育活动的地点选择

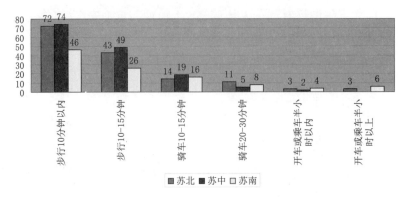

图 4-15　江苏省不同地区农村人群对体育活动地点与住所距离的期望

（五）江苏省农村乡镇体育活动组织状况

1. 江苏省农村乡镇居民不参加体育活动的原因

从图 4-16 可以看出：江苏省不同地区农村人群不参加体育活动的原因主要是没有时间。在苏北、苏中、苏南调查的人群中有超过 67% 的被调查者表示影响他们参与体育活动的主要原因是没有时间。其次是缺乏兴趣和主动参与体育活动的意识。选择该项原因的苏北、苏中、苏南人群分别占当地被调查人数的 16%、13%、15%，这说明是否有主动参加体育活动的意愿也是影响乡镇居民体育参与行为的重要原因。此外，缺少友伴和体育技能也是江苏省农村乡镇居民不参加体育活动的原因之一。苏北、苏中、苏南分别有 9% 左右的被调查人群选择缺乏同伴是他们不参加体育活动的原因。值得注意的是，缺少金钱和缺少场地已经不是阻碍江苏省乡镇居民参与体育活动的主要原因。这说明江苏地区乡镇居民生活水平逐渐提高，人均体育场地面积也在逐渐提升，不参加体育活动的原因集中在缺乏时间、缺少技能和缺少共同活动的友伴等方面。

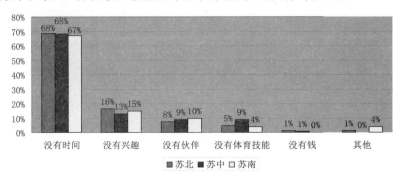

图 4-16　江苏省不同地区农村人群不参加体育活动的原因

2. 江苏省农村乡镇体育活动场所

近年来,江苏省加大了农村体育健身设施的建设力度,借助江苏雄厚的经济实力,充分利用体育彩票公益金,推动实施县、市、区新四个一工程和农民体育健身工程,农村乡镇的体育设施面貌有了很大改变。绝大多数乡镇(街道)达到"三室一场一路径"标准,大部分社区(行政村)达到了"两室一场一路径"标准。图4-17表明,多数被调查乡镇居民都反映所在村镇至少有1处以上的体育活动场所。但也有18%左右的村民表示所在地区没有活动场地,这可能是由于部分农村乡镇体育场地的利用率不高,导致村民的知晓率也不高。

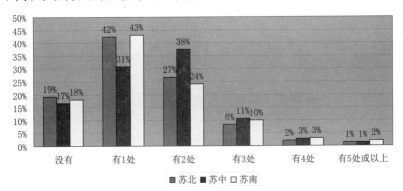

图 4-17　江苏省不同地区农村乡镇体育活动场所数量

3. 江苏省农村乡镇组织体育活动或竞赛状况

图4-18显示了江苏省不同地区农村乡镇每年组织的体育竞赛或体育活动的数量。组织1项以上体育竞赛的以苏南地区居多,69%的被调查者反映所在村镇组织了1项以上的体育活动或竞赛。部分地区甚至组织了5项以上的体育活动或竞赛。这说明发达地区依托其雄厚的财力,有能力组织多项体育活动。但调查表明仍然有较大比例的地区没有组织体育活动或竞赛。苏北地区有48%的被调查者反映所在地区没有组织体育竞赛,说明在财力有限的情况下,组织体育竞赛活动仍然没有得到乡镇政府的足够重视,即便是在经济相对发达的苏南地区,也有31%的被调查者表示所在村镇没有组织体育竞赛,可见乡镇基层管理部门对体育活动的积极作用与功能缺乏应有的认识,在经济建设为中心的前提下,乡镇政府还未将体育作为重要工作来抓,乡镇管理人员的体育观念与体育意识有待于进一步提高。在新型城镇化建设背景下,乡镇文化体育活动日渐成为乡镇居民的生活方式和核心价值观教育的载体,它对提振民心、

增强凝聚力、扩大乡镇影响力、提高人们的生活水平正发挥着越来越重要的作用。在这样的背景下,农村乡镇的体育竞赛活动也将呈现丰富多采的局面。

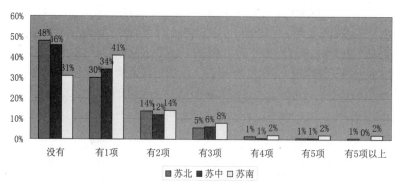

图 4-18　江苏省不同地区农村乡镇组织体育活动或竞赛数量

二、新型城镇化背景下中部地区农村体育现状考察:以湖北为例

本课题组在湖北省对武汉市、宜昌市、荆州市的农村乡镇体育活动状况进行了调研。武汉市选择了蔡甸区的蔡甸街道、永安街道的部分村镇社区,宜昌市选择了夷陵区分乡镇、黄花镇,荆州市选择了李埠镇、郢城镇。为了对以上乡镇农村体育的背景有一个初步了解,先将被调研地区的基本状况作一简要介绍。

(一)湖北省被调查地区的基本状况

1. 宜昌市夷陵区分乡镇、黄花镇

宜昌市现辖 5 县(远安县、兴山县、秭归县、长阳土家族自治县、五峰土家族自治县)3 个县级市(宜都市、当阳市、枝江市)、5 区(夷陵区、西陵区、伍家岗区、点军区、猇亭区),共有 25 个乡、62 个镇、20 个街道办事处。面积 2.1 万平方公里,总人口 415 万人。其中建成区面积 150 平方公里,人口 155 万人。2014 年,全市完成生产总值 3132.2 亿元。

宜昌市夷陵区的调查重点在分乡镇分乡场村。分乡场村是分乡镇政府所在地,是分乡镇经济文化中心,也是分乡镇"窗口村"。分乡场村域总面积 12.23 平方公里,耕地面积 1565 亩,经济林地 280 亩,辖 9 个村民小组,两个居民小组,1452 户 3864 人。由于该村人均耕地面积仅 0.4 亩,该村村民主要经济来源为务工及经商。2010 年,该村实现工农业总产值

3000 万元,村集体经济总收入 6.5 万元,农民人均纯收入 5500 元。

夷陵区黄花镇黄花场村域面积 17 平方公里,耕地面积 1700 亩,林地面积 419800 亩,水域面积 1200 亩,辖 6 个村民小组,1199 户,3286 人。2010 年,全村农村经济总收入 1.1215 亿元,集体经济收入 22 万元,工业总产值 4600 万元,人均纯收入达到 6004 元。

2. 荆州市李埠镇、郢城镇

荆州市位于沃野千里、美丽富饶的江汉平原腹地和中国版图的几何中心处。全市国土面积 1.41 万平方公里,下辖荆州、沙市两区,江陵、公安、监利三县和松滋、石首、洪湖三市,总人口 640 万人。

荆州市荆州区,辖川店、马山、纪南、八岭山、李埠、弥市、郢城 7 个镇,东城、西城 2 个街道办事处,太湖港、菱角湖 2 个农场管理区以及湖北省荆州城南经济开发区。各镇(街办)共辖 121 个村民委员会和 36 个居民居委会以及 9 个农场大队。全区面积 1046 平方公里,人口 56.51 万人(截至 2014 年底)。

荆州区李埠镇现有国土面积 96 平方公里,耕地总资源 6.7 万亩,下辖 12 个行政村,88 个村民小组,汉回两族聚居,人口 3.2 万人。

郢城镇隶属于荆州市荆州区,国土面积 45 平方公里,人口 4.97 万人。现辖 13 个村,3 个居委会,108 个村民小组。年地区生产总值 7.8 亿元,人均纯收入 2880 元。

荆州地区民间舞蹈历史悠久,源远流长,这一点可以从大量的古典文献资料和考古新发现的文物资料中,得到充分证实。荆州是举世闻名的楚文化的发祥地,作为楚文化重要组成部分的楚舞,不仅在先秦时期独树一帜,播扬风骚夸耀于东周列国,而且对后世舞蹈艺术的发展有着极其深远的影响。楚人有信鬼好祀的习俗,"其祀必使巫觋作乐,歌舞以娱神。"由于楚人崇巫,导致楚地巫风盛行。巫,在甲骨文里与"舞"相通。《说文解字》解释为:"巫,巫祝也,女能事无形以舞降神者也,象人两袖舞形。"在巫术仪式中,歌舞是最主要的内容。如今荆州民间舞蹈可分为三类:一是自娱自乐,祈福迎祥。有《五虾闹鲶》《打连湘》《老背少》等。二是逃荒叫化,卖艺求生。如《三棒鼓》等。三是守灵伴亡,迎神祭庙。有《跳丧鼓》《板凳香》等。这些民间传统舞蹈为荆州地区农村体育文化活动积淀了良好的基础。

3. 武汉市蔡甸街道、永安街道

武汉是中国中部地区的中心城市,是全国重要的工业基地、科教基地和综合交通枢纽。辖江岸、江汉、硚口、汉阳、武昌、青山、洪山、蔡甸、江夏、黄陂、新洲、东西湖、汉南 13 个区及武汉经济技术开发区、东湖新技术开发区、东湖生态旅游风景区、武汉临空港经济技术开发区、武汉化学工业区。全市土地面积 8494.41 平方公里。截至 2013 末,武汉市常住人口1022 万人。2013 年全年地区生产总值 9051.27 亿元,全年公共财政总收入 1730.65 亿元 [①]。

武汉市蔡甸区蔡甸街道,面积 91.16 平方公里,常住人口近 15 万人,辖 13 个社区、37 个行政村。蔡甸区永安街道,面积 75.94 平方公里,人口4 万余人,辖 1 个社区、21 个行政村。

2015 年环中国公路自行车赛武汉蔡甸段比赛在武汉城市绿肺后官湖进行。武汉市体育局与蔡甸区联手,依托后官湖绿道便捷的路网系统、优良的水体资源、美丽的湖光山色,充分发挥后官湖自然水域和人文资源优势,打造后官湖休闲健身运动圈品牌,为武汉市民提供休闲健身娱乐的好去处。后官湖绿道是武汉市第一条城市郊野绿道,环绕 2089 公顷后官湖国家湿地公园,环境优美、体育设施齐全,目前已经成为武汉市近郊游首选地。用清新空气洗洗肺,用粗茶淡饭养养胃,用灿烂阳光晒晒背,已经成为来这里游玩的市民的流行语。连续数年承办环中国自行车赛,也使后官湖声名远扬。目前,后官湖休闲健身运动圈每年都要承办 20 多项各类大型体育赛事,正在逐步构建全国知名的体育赛事中心、时尚体育健身中心和体育器材制造中心。

（二）湖北省农村乡镇被调查人群基本状况

本课题组在湖北省武汉市选择了蔡甸区的蔡甸街道、永安街道的部分村镇社区,宜昌市选择了夷陵区分乡镇、黄花镇,荆州市选择了李埠镇、郢城镇。在每个乡镇社区对当地健身居民群众发放 50 份调查问卷,全面调查了解农村乡镇社区体育活动状况。由于不同地区回收的有效问卷数量不统一,为了便于分析,把各地区的问卷选项统计数据都转化为在该地区的百分占比,以便对各地区的农村体育情况作横向比较。

1. 农村乡镇健身人群性别及年龄分布

从总体上看,湖北省农村乡镇社区健身人群的性别以女性偏多,分地区来看,宜昌地区农村乡镇女性比例为 59%,武汉地区农村乡镇女性比例为 60%,荆州地区女性比例略低于男性比例,为 41%。

---

① 武汉市统计局 .2013 年武汉市国民经济和社会发展统计公报 [R].2014-11-09.

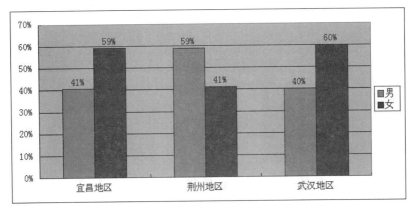

图 4-19　湖北省农村乡镇健身人群性别比例

湖北省农村乡镇社区健身人群的年龄多分布在 30—50 岁,20—30
岁人群也占据较大比例。分地区来看,宜昌和武汉地区农村乡镇中青年
健身人群比例最高,分别为 67% 和 65%,荆州地区中老年健身人群相对
较高,50 岁以上人群比例为 44%。

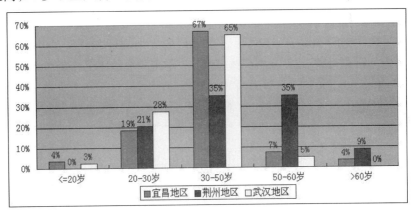

图 4-20　湖北省农村乡镇健身人群年龄分布

2. 农村乡镇健身人群学历结构

从湖北省三个地区农村乡镇体育参与人群的学历结构来看,初高中
学历占据比例最高,达到湖北省农村被调查人数的 56.44%,这说明农村
地区居民学历普遍不高,参加体育活动的人群学历以初高中为主。其次
是专科以上学历,占据被调查人数的 36.63%。这说明高学历人群的体育
参与意识较强。从地区分布来看,宜昌、荆州、武汉地区农村乡镇人群的
高中及专科学历呈现分地区递增的趋势。

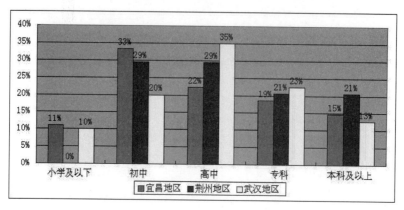

图 4-21　湖北省农村乡镇健身人群的学历结构

3. 农村乡镇健身人群职业分布

从调查结果来看,湖北省农村乡镇社区健身人群的职业分布较为广泛,个体经营者占据的比例最高,占所有被调查者总数的 37.5%,其次是无业和打零工,分别占被调查者总数的 11.6% 和 10.71%,务农者占据的比例是 9.82%,这说明自新型城镇化以来,湖北省农村乡镇居民的职业分布呈现多样化的态势,由于村镇居住环境的集中和农村耕地的集约化经营,务农人员相对减少,而从事个体经营和打零工的乡镇居民逐渐增加。从地区分布来看,武汉地区个体经营者比例最高,达到该地区被调查人数的 70%,这说明城镇化程度高的地区,从事个体经营的乡镇居民也相对较多。

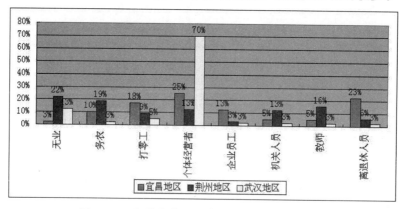

图 4-22　湖北省农村乡镇健身人群的职业分布

4. 农村乡镇健身人群的年收入状况

总体来看,湖北省农村乡镇健身人群的年收入在万元左右到 5 万元之间的人数呈现逐渐降低的趋势。三个地区农村乡镇总体人群的年收入以万元左右居多,年收入低于 1 万元的人群比例最高,占所有被调查人数的 33%,收入在 1 万—2 万元、2 万—3 万元的人群比例分别是 27%、24%。分地区来看,武汉地区农村乡镇年收入在 1 万—3 万元的人群比例相对稳定,三个地区农村乡镇年收入高于 3 万元的人群比例都出现了较为明显的下滑趋势。这说明湖北省农村乡镇居民的年收入仍然处于中低水平。

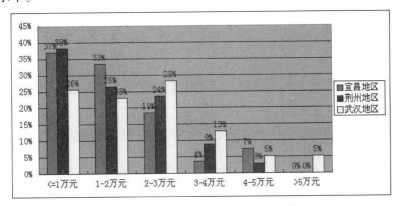

图 4-23 湖北省农村乡镇人群的年收入状况

(三) 湖北省农村乡镇人群的体育消费状况

1. 体育服装鞋帽年度消费状况

从调查样本的总体来看,湖北省农村乡镇人群在体育服装鞋帽方面的年度消费大多分布在 100—500 元,总体比例为 43.56%。其次体育服装鞋帽年度消费低于 100 元的人群也较多,比例为 40.59%。这说明在年收入万元左右的前提下,农村乡镇居民愿意花费百元左右来购置体育服装鞋帽,这一类耐用消费品既可用于体育活动,也可用于生产劳动,在农村乡镇居民看来,这样的开支是合算的。分地区来看,武汉地区农村乡镇居民体育服装鞋帽开支在 100—500 元的人群比例最高,达到 55%,而宜昌地区农村乡镇居民体育服装鞋帽消费在百元以下的人群比例最多,达到 59%。这与不同地区农村乡镇居民的年收入状况相匹配。

2. 体育器材设施年度消费状况

对于体育器材设施,绝大多数农村乡镇居民只愿意花费不足百元来购置,这部分人群比例达到被调查总体的 68.32%。分地区来看,宜昌、荆州、武汉地区农村乡镇居民愿意花费百元以下来购置体育器材设施的比例分别是 63%、68%、73%,呈现逐渐升高的趋势,这也与不同地区农村乡镇居民的收入相匹配。由于体育器材设施并非生活必需品,所以很少有农村乡镇居民愿意花费千元以上的钱来购置体育器材设施。

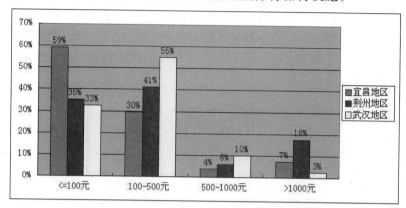

图 4-24 湖北省农村乡镇人群体育服装鞋帽年消费状况

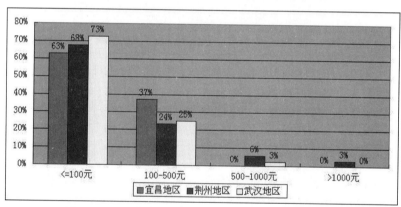

图 4-25 湖北省农村乡镇人群体育器材年度消费状况

3. 农村乡镇居民对待收费体育场馆的心理预期价格

对于收费体育场所的预期价格,湖北省农村乡镇居民中有 55.45% 的人选择每小时 5 元以下,38.61% 的人选择每小时 5—10 元。分地区来看,随着收费价格提升,选择的人群比例逐渐降低,例如,武汉地区有 73% 的农村乡镇居民选择每小时 5 元以下的收费体育场所,25% 的人选择 5—10 元,没有人选择 30 元以上的收费体育场所。越是收费低廉,越受到农村乡镇居民的欢迎。这说明湖北省农村乡镇居民对于体育活动场馆的消费意愿并不强烈,他们期望的仍然是低收费甚至是不收费的基本公共体育服务。因此在农村乡镇社区建立基本公共体育服务体系是新型城镇化背景下农村体育发展的迫切要求。

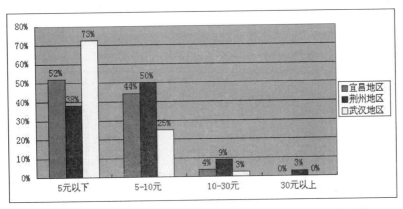

图 4-26 湖北省农村乡镇人群对待收费体育场所的心理预期价格

4. 农村乡镇居民对待体育健身方法培训的心理预期价格

对待体育健身方法培训的预期价格,湖北省农村乡镇依然呈现出随着收费价格升高而选择人数降低的规律。从湖北省被调查乡镇的总体来看,选择每小时 5 元以下的乡镇居民比例是 51.49%,选择每小时 5-10 元的乡镇居民比例是 34.65%。分地区来看,同样呈现出这个规律。值得注意的是荆州地区农村乡镇居民愿意花费 5 元以上价格参加体育健身方法培训的人群比例均大于宜昌和武汉地区,这说明体育消费行为不仅受地区经济发展状况影响,可能还与居民生活方式以及消费习惯等因素有关。

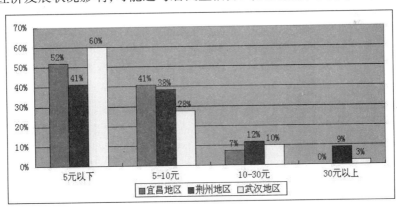

图 4-27 湖北省农村乡镇人群对待健身方法培训的心理预期价格

从图 4-28 可以看出,对于免费的体育健身方法培训,宜昌、荆州、武汉地区农村乡镇居民的选择比例分别为 100%、91%、85%,不愿意参加的比例均为 0,这说明湖北省农村乡镇居民普遍愿意参加体育健身方法培训,但希望这种健身方法培训是免费的或者收费低廉的,这反映出湖北省农村乡镇居民对体育健身技能的普遍需求。在新型城镇化进程中,农村乡镇新型社区体育文化部门应该创造条件满足居民体育技能学习的需求。

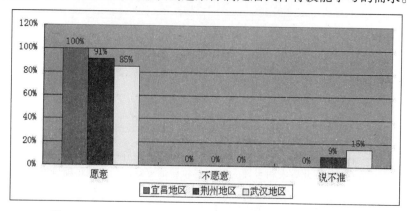

图4-28 湖北省农村乡镇人群参加免费健身方法培训的意愿

(四)湖北省农村乡镇人群的体育活动状况

1.农村乡镇居民最喜爱的体育活动

从体育活动项目来看,湖北省农村乡镇居民乐于参加的活动项目依次为健身走、跑步、健身操或舞蹈、羽毛球等,在湖北省农村乡镇被调查居民中这几个项目的选择比例分别为29.75%、15.82%、15.19%、14.56%。分地区来看,健身走在宜昌、荆州和武汉地区农村乡镇的选择比例为33%、34%、25%,跑步和健身操在宜昌地区也很受欢迎,选择比例分别为21%和26%。这说明简便易行、不需要太多花费和复杂器材的体育活动项目最受农村乡镇居民的欢迎。

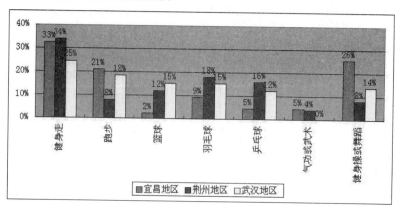

图4-29 湖北省农村乡镇人群最喜欢参加的体育活动

2. 农村乡镇居民每周参加体育活动的次数

湖北省农村乡镇居民每周参加体育活动的次数以 2—3 次居多,占湖北省被调查人群总体的 36.63%。分地区来看,宜昌、荆州、武汉地区农村乡镇每周参加 2—3 次体育活动的人群比例分别为 44%、32%、35%。值得注意的是,荆州地区农村乡镇每周参加 5 次以上体育活动的人群比例也达到了 35%,这说明该地区农村乡镇体育健身人群的活动频次较高。

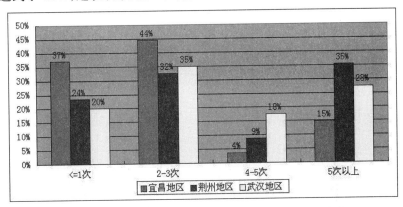

图 4-30 湖北省农村乡镇人群每周参加体育活动的次数

3. 农村乡镇居民参加体育活动的目的

湖北省农村乡镇居民参加体育活动的目的主要是健身和娱乐,在湖北省农村乡镇被调查人群总体中占据比例分别为 52.99%、25.64%,也有部分人群选择打发和消磨时间,选择比例为 14.53%。分地区来看,宜昌、荆州、武汉地区农村乡镇居民选择健身目的的比例分别是 85%、48%、40%。在武汉地区,选择以娱乐为目的的农村乡镇人群比例达到 42%。被调查地区乡镇居民很少有人选择治疗疾病作为体育活动的目的,在乡镇居民心目中,治病要到医院,体育活动的目的还是以健身和娱乐为主。

4. 农村乡镇居民参加体育活动的时间选择

从湖北省农村乡镇居民被调查的总体来看,农村乡镇居民参加体育活动的时间主要集中在晚上,占据湖北省被调查人群总体的 57.69%。分地区来看,宜昌、荆州、武汉地区农村乡镇居民选择晚上体育健身活动的比例分别为 85%、51%、45%。可见多数农村乡镇居民都会选择晚上参加体育活动,新型城镇化背景下农村文化体育活动应该多安排在晚间,以便乡镇居民的健身和交流。

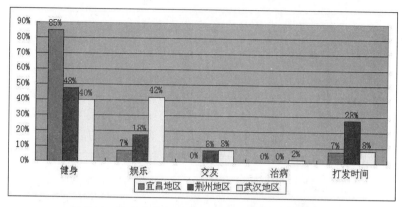

图 4-31 湖北省农村乡镇人群参加体育活动的目的

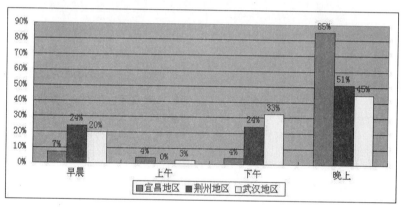

图 4-32 湖北省农村乡镇人群参加体育活动的时间选择

5. 农村乡镇居民参加体育活动的场所选择

湖北省农村乡镇居民参加体育活动的场所选择,主要集中在居住小区周边的空地或广场,这两个选项分别占据被选项总体的 36.63%、35.64%。分地区来看,宜昌地区选择在广场参加体育活动的比例是52%,武汉地区选择在小区周边空地参加活动的比例是 48%。选择在公园参加体育活动的比例并不高,因为农村乡镇类似公园的活动场所相对较少。很少有人选择在健身会所参加体育活动,因为健身会所是营利性机构,农村乡镇体育消费意识及氛围不强,健身会所无利可图,所以在农村乡镇这一类机构很少,因而基本无人选择到这一类场所参加体育活动。

对于体育活动场所与住所的距离,湖北省农村乡镇居民大多选择距离住处步行 10 分钟以内或者 10—15 分钟,这两个选项占据被选项总体的 52.88%、33.65%,分地区来看,宜昌、荆州、武汉地区农村乡镇居民选择体育活动地点与住所距离在步行 10 分钟以内的比例均为 53%,非常一致,三个地区选择体育健身地点与住所距离在 10—15 分钟的比例也相对一致,分别为 30%、32%、38%。体育场所与住所的距离超过半小时,就无人选择。这说明湖北省不同地区的农村乡镇居民都希望体育活动地点在居所附近,步行就可以方便快捷地到达。这提示新型城镇化建设进程中,农村乡镇社区应该建设居民身边体育活动场地或体育设施,打造 10 分钟或 15 分钟健身圈,引导农村乡镇居民就近就便开展文化体育活动,构建健康文明的和谐生活。

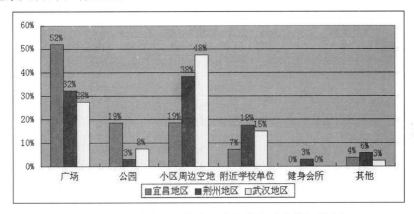

图 4-33 湖北省农村乡镇人群参加体育活动的场所选择

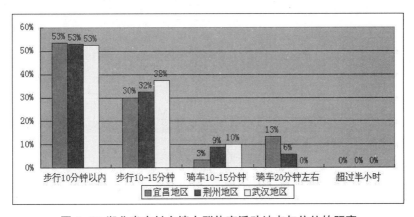

图 4-34 湖北省农村乡镇人群体育活动地点与住处的距离

6. 农村乡镇居民参加体育活动的友伴选择

湖北省农村乡镇居民参加体育活动的友伴依次是家人、经常锻炼的熟人、邻居,选择比例分别是 47.52%、24.75%、15.84%。分地区来看,宜昌、荆州、武汉地区农村乡镇选择与家人参加体育活动的比例分别为 59%、35%、50%。这说明参加体育活动有利于增进家人和邻里之间的沟通交流,促进和谐社区建设。

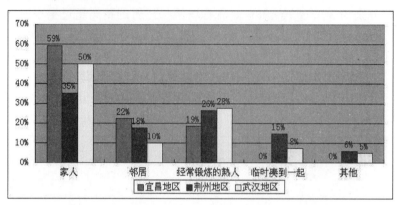

图 4-35 湖北省农村乡镇人群体育活动的友伴选择

7. 农村乡镇居民不参加体育活动的原因

调查显示,湖北省农村乡镇居民不参加体育活动的原因主要是没有时间,该选项的选择比例是 72.82%,其次是没有体育技能。而没有钱的选择比例是 0,这说明没有金钱并不是阻碍乡镇居民参加体育活动的原因。

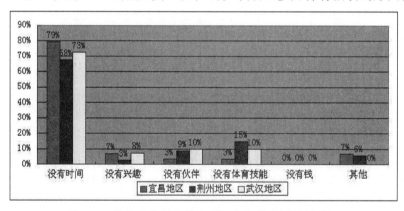

图 4-36 湖北省农村乡镇人群不参加体育活动的原因

(五)湖北省农村乡镇体育活动组织状况

1. 农村乡镇体育活动场所数量

从湖北省农村乡镇被调查人群的总体来看,有 84.26% 的被调查居民反映所在乡镇至少有 1 处以上的体育活动场所,其中有 28.70% 的被调查居民表示所在乡镇经常集中活动的体育场所是 1 处,25.93% 的被调查居民表示经常集中活动的体育场所有 2 处。分地区来看,选择 2 处体育活动场所的比例最为均衡,宜昌、荆州、武汉地区农村乡镇人群的选择比例分别是 26%、29%、30%(如图 4-37 所示),这说明湖北省农村乡镇一般都有 1—2 处经常集中活动的体育活动场所。但也有接近 15.74% 的被调查居民表示所在乡镇没有集中活动的体育场所,尤其是宜昌地区农村乡镇选择没有体育活动场所的比例达到 37%,这反映出湖北省部分偏远地区农村乡镇体育活动场所数量仍然不能满足当地居民健身活动的需求。

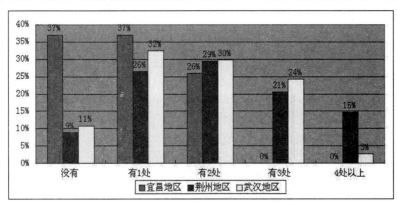

图 4-37 湖北省农村乡镇拥有的体育场所数量

2. 农村乡镇常年举办的体育活动或竞赛数量

从调查的总体来看,湖北省农村乡镇 57% 的被调查者表示所在乡镇每年都能举办 1 项以上体育活动或竞赛,其中举办 1 项活动的比例是 27%,举办 2 项或 3 项活动的选择比例分别是 10%、11%。这反映出湖北省农村乡镇每年都能举办一定数量的体育活动或竞赛,但数量局限在 1—2 个项目。但也有 43% 的被调查者表示所在乡镇没有举办过任何体育活动或竞赛。这说明农村乡镇体育文化生活相对单调,常年举办体育活动或竞赛的项目数量有待加强。

3. 参加乡镇单位或学校体育场所免费活动的意愿

如果乡镇单位或者学校体育场所向居民免费开放,居民是否有意愿到这些场所参加免费的体育活动? 对于这样的问题,宜昌、荆州、武汉地区农村乡镇居民选择愿意的比例分别是 93%、94%、88%,选择不愿意参加活动的比例为 0,显示出高度的一致性,这说明只要有合适的体育场所,湖北省农村乡镇居民普遍愿意参加体育活动。在新型城镇化建设进程中,农村乡镇社区相关部门应该制定合理的政策,鼓励并支持乡镇单位和学校体育场所向周边居民免费开放。

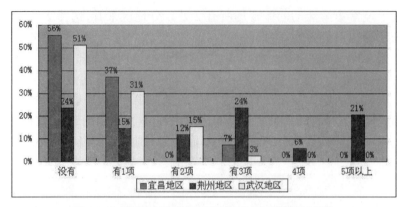

图 4-38 被调查乡镇常年举办的体育活动项目数量

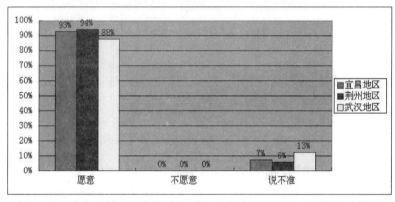

图 4-39 农村乡镇居民参加单位或学校体育场所免费体育活动的意愿

三、新型城镇化背景下西部地区农村体育现状考察：以四川为例

2014—2015 年暑假，《新型城镇化背景下中国农村体育发展路径研究》课题组对四川省成都市、绵阳市、泸州市的农村地区乡镇体育状况进行了考察。成都市选择了双流县的黄龙溪镇，郫县的安德镇，新津县的花源镇进行调查；绵阳市选择了安县的桑枣镇，江油市的武都镇、青莲镇、太平镇进行调查；泸州市选择了泸县的玄滩镇、立石镇、方洞镇进行调查。为了更好地反映被调查乡镇体育发展的背景，先对上述地区乡镇的经济与社会发展基本状况作一简要介绍。

（一）四川省被调查地区的基本状况

1. 成都的双流、郫县、新津

成都市是四川省会所在地，2014 年全市 GDP 总量 10056.59 亿元，在四川全省各市、州 GDP 综合排名中位列第一，遥遥领先。共辖 9 个区、6 个县，代管 4 个县级市。成都行政区划内的双流县辖东升、西航港、华阳 3 街道，太平、永兴、籍田、正兴、彭镇、大林、煎茶、黄龙溪、永安、九江、黄水、金桥、黄甲、公兴、胜利、新兴、兴隆、万安、白沙、三星、合江 21 镇。2013 年，全域双流县辖区面积 1032 平方公里，其中建成区面积 110 平方公里，耕地面积 442 平方公里；辖 18 个镇、6 个街道办事处、151 个社区、106 个村。

2014 年双流县实现地区生产总值 569.2 亿元，比上年增长 6.6%，位于四川省县域经济综合评比十强的第二位。地方公共财政收入 51.96 亿元，社会消费品零售总额 142.95 亿元。县域经济基本竞争力全国百强排名升至第 14 位，连续 5 年荣获"中国全面小康十大示范县市"称号。

双流县黄龙溪镇的民族传统特色体育项目是舞龙。在"舞龙"这个图腾文化的基础上，黄龙溪镇创造了独具特色的"火龙灯舞"。黄龙溪火龙灯舞所用火药，是由秘密配方制成，特点是热量低，火焰艳丽，耀人眼目，喷射有力，却不伤及舞龙艺人的身体。经过不断改造、丰富，黄龙溪的"火龙灯舞"逐步得到了完善，成为全国著名的"火龙之乡"。黄龙溪传统的龙舞节庆时间，一般安排在新春农历正月初一至十五，正是人们喜庆丰收迎接春天来临的美好季节。火龙灯舞除了火龙以外，人们还在前面安排排灯、宫灯以及象征水底世界的蟹、鱼、虾、蛙等灯，使火龙灯舞更加绚丽多彩。

黄龙溪火龙灯舞具有浓郁的乡土气息和川西文化风格，是成都地区保存较为完整的大型民俗群众文化活动之一。1996 年，黄龙溪获得"中国民间艺术之乡"称号。2001 年，黄龙溪火龙灯舞应邀参加第 21 届世界大学生运动会闭幕式演出。此外，还参加了成都市第 9 届、第 10 届运动会及省第 9 次运动会。获得社会各界的广泛好评。

成都行政区划中的郫县 2014 年 GDP 总量排在四川省县域经济综合评比十强的第六位。面积 437.5 平方公里，其中建成区面积 50 平方公里、耕地面积 20174 公顷；郫县辖郫筒、团结、犀浦、花园、唐昌、安德、三道堰、安靖、红光、新民场、德源、友爱、古城、唐元 14 个镇，56 个社区居委会、139 个村民委员会，境内有藏、回、羌、满等 52 个少数民族，2013 年末户籍人口 52.62 万人,常住人口 77.06 万人。

安德镇位于郫县西部,面积 39 平方公里,辖 11 个行政村和 2 个居委会,城镇建成区面积 5.3 平方公里,常住人口 5 万人,城镇化率 67.5%,是成都市优先发展重点镇。

成都行政区划内的新津县持续位居四川省县域经济综合评价第 10 位。幅员面积 330 平方公里,总人口 31.16 万人。新津县辖五津、花桥、金华、兴义、安西、新平、永商、邓双、普兴、花源、方兴 11 镇和文井 1 乡。全县城镇居民人均可支配收入 27547 元;农民人均纯收入 14102 元。新津县花源镇是全国 25 个经济发达镇行政管理体制改革试点镇、全国第三批发展改革试点城镇和成都市 14 个优先发展重点镇之一。全镇幅员面积 32.6 平方公里,辖 8 个行政村,3 个社区,人口 4.7 万人,其中城镇人口 3.2 万人。

新津县连续六年举办国际名校赛艇挑战赛吸引了全球的目光,更为建设现代化滨江中等城市夯实牢固的基础。赛艇挑战赛对新津的发展产生深远的影响:为新津经济注入了活力、体现了城市综合实力、增强了国际影响力、带动了城市消费市场及第三产业的发展、弘扬和开发了新津的水文化、丰富了居民文化生活水平及文明素养。新津居民普遍认为,大型体育赛事可以全面折射出城市的风貌,是对其综合实力最有说服力的检阅。同时,城市的发展也随着赛事的蓬勃发展而逐渐成熟、壮大。新津的随机访谈调查也反映了这一点。

何富银(退休职工):国际名校赛艇挑战赛在新津举办 6 年了,这是新津人的节日,这么高端的赛事为什么会落户新津? 我觉得有历史原因,也有现实原因。新津县五河汇聚,山水相依,水是新津最大的特色,自古就有龙舟赛的优良传统,而且在国内外都很知名。新津县环境优美、文化底蕴深厚,近年来,随着经济社会迅速发展,在全国的知名度和美誉度都不断提高。作为一个新津人,对这次赛事非常期待,也非常享受,我举双手赞成,这样可以让老百姓更加亲近水,更加亲近我们的母亲河。

肖鑫(游泳救生员):此前,新津成功举办了五届赛艇赛,较好地促进了新津体育事业的发展。这些办赛经验将会是我们以后举行其他大型体育赛事的宝贵财富;比赛中配备的专业赛艇设施对于我县赛艇运动的发展是非常有利的。基层的其他一些赛事,如足球、篮球、羽毛球、游泳等,也可以借鉴其经验,有组织、有规模地举行。可以说赛艇点燃了市民的运动热情,同时赛艇运动员们健美的身姿也是一种隐性的榜样示范作用,一定程度上能够坚定市民参加体育锻炼的决心。

2.绵阳的安县、江油

四川省绵阳市2014年实现GDP总量1579.89亿元,位列四川省各市、州的第二位。绵阳共辖两区(涪城区、游仙区)、六县(三台县、盐亭县、梓潼县、安县、北川县、平武县)、一市(江油市),全市现有建制乡镇276个,其中乡133个,镇143个,农村村委会3370个,村民小组26867个。课题组在绵阳辖区内调查了安县的桑枣镇、江油市的武都镇、青莲镇、太平镇。

绵阳行政区划内的安县历史悠久,古称安州,现辖18个乡镇、234个村、23个社区,总人口43.5万人,幅员面积1189平方公里。辖15镇(花荄、河清、秀水、塔水、桑枣、黄土、睢水、永河、界牌、宝林、清泉、沸水、乐兴、晓坝、千佛)、3乡(兴仁、高川、迎新)。2010年第六次人口普查显示,安县桑枣镇常住总人口30016人,花荄镇61807人。安县2010年实现地区生产总值55.89亿元,规模以上工业增加值18.65亿元,财政总收入7亿元,完成全社会固定资产投资70亿元,城镇居民人均可支配收入达到13904元,农民人均纯收入达到6157元。

安县桑枣镇,原名桑枣园,因盛产红枣而得名。位于县城西南8公里,龙门山脉南麓,幅员面积101平方公里。桑枣镇辖19个村、1个社区,总人口3.45万人,其中城镇人口4500人。境内交通发达、水系通畅,省道成青路穿境而过;矿产资源和旅游资源丰富,是安县的老工业基地和新兴的旅游胜地;经济和社会事业全面、健康、持续、快速发展,是远近闻名的绵阳市"十强镇"、文明镇、社会治安综合治理模范镇。桑枣镇文化体育阵地完善,镇文化中心被命名为省特级文化站,群众性体育文化娱乐活动丰富多彩。

绵阳行政区划内的江油市幅员面积2719平方公里,总人口88万人。城市建成区面积35平方公里、人口35万人。辖4个街道、21个镇、19个乡,包括武都街道、华平街道、中坝镇、太平镇、三合镇、含增镇、青莲镇、武都镇、新安镇、大堰乡、东兴乡、贯山乡等乡镇街道。

2013年末统计表明,江油市户籍人口88.87万人,其中:农业人口60.69万人,非农业人口28.18万人;男性人口45.29万人,女性人口43.58万人,男女性别比为103.9:100。年末全市常住人口79.36万人,城镇化率为51.01%。

2014年,江油市实现地区生产总值300.6亿元,地方公共财政预算收入15.06亿元,社会消费品零售总额130.5亿元,全社会固定资产投资150.2亿元,城镇居民人均可支配收入24131元,农民人均纯收入10799元。

江油市具有良好的体育传统,校园足球是其特色。2014 年 8 月,江油市花园小学代表四川获全国校园足球冠军杯总决赛小学女子组亚军;江油一中女子足球队夺得四川省校园足球总决赛冠军,江油一中、华丰初中及花园小学代表绵阳市参加四川省青少年女足锦标赛分获甲、乙组、丙组亚军。

武都镇是江油的老县城、全镇辖 16 个行政村,3 个社区居民委员会(团山社区、右木社区、汝州社区),总人口 6.6 万人。2014 年,武都镇实现规模工业总产值 32 亿元;实现税收收入 9059.63 万元,其中:公共财政收入实现 1884.21 万元;完成固定资产投资 2.1 亿元;农民人均纯收入达到 12442 元。

江油市的青莲镇是大诗人李白的故里,具有浓郁的文化底蕴。镇域面积 23.4 平方公里,辖 7 个行政村、1 个居委会,56 个村民小组。总人口 1.87 万人,其中城镇人口 9000 人,占总人口的 48%。

3. 泸州的泸县三镇

四川省泸州市 2014 年实现 GDP 总量 1259.73 亿元,位居四川省 21 个市、州的第 8 位。泸州市行政区划内的泸县古称江阳,全县幅员面积 1532 平方公里,辖 19 个镇,251 个行政村、43 个社区,人口 108.69 万人。泸县历史悠久,文化底蕴深厚,是全国 100 个千年古县之一、"中国龙文化之乡",境内有全国重点文物保护单位龙脑桥,堪与赵州桥和卢沟桥媲美;有"东方活龙"之称的中国泸州雨坛彩龙数度进京献艺,获多项大奖,饮誉海内外;有"川南第一大道"之誉的新县城——龙城,以其碧水、蓝天、花园城的典雅、靓丽、浪漫、抒情和中西合璧,倾倒中外游客;有"川南第一湖"美称的玉龙湖。泸县是国家级建筑劳务基地县,全国双拥模范县,国家级卫生城市,西部经济百强县。课题组在泸州地区分别调查了泸县的玄滩镇、立石镇、方洞镇。

泸县玄滩镇全镇幅员面积 115 平方公里,辖区内人口 9 万人,城镇建成区面积 2 平方公里,常住人口 2.2 万人。玄滩镇是泸州市唯一的四川省及全国的首批小城镇建设试点镇和重点镇,四川省文明集镇、卫生集镇和双拥模范镇,泸州市小城镇建设重点镇和科技示范镇,曾获得"四川省村镇建设先进集体"荣誉称号。

玄滩狮舞是玄滩镇的传统体育活动,在其自身艺术的基础上学习提炼了地方特色较浓郁的中堂狮子、高跷狮子、搬打狮子、地狮子等的精粹而自成一派。其表演形式既有北狮窜桌子等的武技动作,又有南狮搔痒、抖毛等柔艺表演,表演内容源于古代的相关传说故事、和狮与狮、狮与环境的相互依托的实际生活情景,表演内涵除表达狮的威武镇妖避邪,人们或一个家族祈求平安顺畅、兴旺发达之意外,更体现为人与人、人与生活环境的和谐协调是社会进步和发展的必须前提。

泸县立石镇全镇幅员面积72平方公里,耕地面积24002亩,辖区10个行政村,90个农业生产合作社和1个玉龙社区,3个居民小组,总人口40999人,其中非农业人口2486人。

立石镇重视文化体育活动,建有齐全的文化体育组织和设施,有宣传文化中心、二郎文化广场、广播电视网络服务公司,光纤电视收看户2100户,其中集镇1400户。玉龙湖歌舞表演队、腰鼓队、秧歌队、龙灯队、川剧玩友协会各1个,业余男子篮球队4个,文化茶园和歌舞厅12个。

方洞镇位于泸县东北部,面积73.15平方公里,辖12个村民委员会和2个社区,146个村民小组,6个居民小组。2014年末总人口48616人,其中非农人口2994人。方洞镇文化体育活动丰富多采,淳朴的乡土文化和浓厚的文化氛围熏陶了广大人民,在华灯初上的时候,腰鼓队、龙灯、狮子、秧歌队走上街头,千姿百态,自娱自乐。

方洞镇雨坛彩龙闻名遐迩,被誉为“东方活龙”。雨坛彩龙历史悠久,是地处龙洞山的雨坛人设坛要龙以求风调雨顺,五谷丰登的圣物,曾多次参加全国各种大型庆典活动,并于1985年,被国家编入《中国民族民间舞蹈集成》一书。新中国成立后,雨坛彩龙得到了很大的发展,曾参加四川省民间舞蹈比赛获得殊荣,并参加了在京举行的全国专业团体音乐舞蹈汇演。2006年5月,雨坛彩龙经国务院批准列入第一批国家级非物质文化遗产名录。

(二)四川省农村乡镇被调查人群基本状况

本课题组在四川省共调研了绵阳市、泸州市、成都市三个地级市,每个地级市选择3—4个乡镇进行深入调查与访谈。在每个乡镇向当地参与体育健身活动的居民发放50份调查问卷,在回收的调查问卷中,绵阳地区有效问卷146份,泸州地区有效问卷148份,成都地区有效问卷145份。由于被调查对象均为正在从事体育健身活动的农村乡镇人群,故可从调查结果中推测新型城镇化背景下四川省农村体育发展基本状况。

1. 农村乡镇健身人群性别及年龄分布

课题组在四川省三个地区农村乡镇的总体调查状况表明,参与体育活动的男女比例为216∶223,女性参与者略高于男性。从地区分布来看,绵阳市农村乡镇的被调查对象,男女性别比例为91∶55;泸州市农村乡镇被调查人群中,男女性别比例为 46:102;成都市农村乡镇被调查人群中,男女性别比例为 79:66。泸州农村乡镇体育参与者中,女性明显高于男性。由于被调查对象都是在乡镇体育健身场所从事体育活动的人群,因此总体来看,四川省农村乡镇体育活动参与者中,女性比例略高于男性。其原因可能在于,该地区女性闲暇时间更多于男性,此外,女性在闲暇时间的应酬交往以及娱乐项目手段相对而言少于男性,因而到公共场所跳广场舞、参与健身活动成为许多女性的选择。

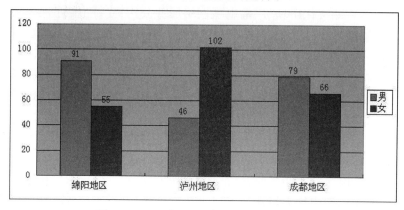

图 4-40 四川省三地区调研对象性别分布

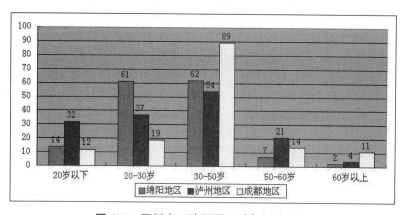

图 4-41 四川省三地区调研对象年龄分布

　　从被调查对象的年龄结构来看,四川省农村乡镇参与体育活动的以中青年人居多。总体来看,30—50 岁的人群占被调查人数的 46.7%,分地区来看,30—50 年龄段的人群在绵阳地区占 42.47%,在泸州地区占36.49%,而在成都地区高达 61.38%。这是因为,被调查的农村乡镇大多集中在县城镇周围,农村人群可依托县城或大镇的体育资源,因而参与体育活动的中青年人相对较多。再者,这些地区的县城或大镇,乡镇工业并不发达,没有太多的乡镇企业,大多数中青年人以个体经营和打零工为生,并没有严格的上下班时间限制,因此得以有较多的空闲时间参与体育或娱乐活动。这也说明余暇时间是参与体育活动的一个重要前提条件。

2. 农村乡镇健身人群学历结构

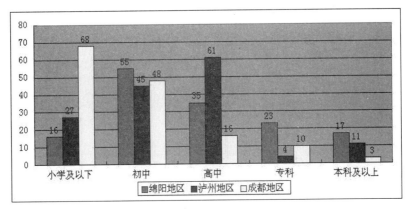

图 4-42 四川省三地区调研对象学历结构

从四川省三个地区农村乡镇体育参与人群的学历结构来看,初高中学历占据多数,达到四川省农村被调查人数的 59.23%,这说明农村地区居民学历普遍不高,参加体育活动的人群学历以初高中为主。从地区分布来看,成都地区农村人群的学历分布呈逐渐下滑的趋势,小学及以下学历的人群比例最高,达到该地区被调查人数的 46.9%,原因在于该地区学历较高的人群可能有更多的机会外出谋生。再者,调查表明,参与体育活动需要有一定的文化背景和参与意识,所以当地体育参与人群大多具有初高中以上的学历。尽管调查时本专科以上学历的绝对人数不多,但考虑到农村乡镇本科以上学历的人数本身就不多,拥有本专科以上学历的人群几乎都有体育参与行为,这说明越是有较高学历和良好教育背景的人群,其体育参与意识越强。

3. 农村乡镇人群职业分布

四川省三个地级市农村乡镇人群的职业分布以个体经营者居多,占据被调查人数的 34.4%,其次是打零工 22.78%、务农者 21.41%。四川省农村地区乡镇企业不多,因而企业员工占据健身人群的比例较低。可见四川省农村乡镇地区从事自由职业者人数较多,有较为宽裕的余暇时间,因而大量集聚在公共场所参加群体性活动的,也以这部分人群为多,而乡镇企业员工、机关工作人员由于上下班作息时间的限制,参与晨晚练活动的比例相对较少。

4. 农村乡镇人群年收入状况

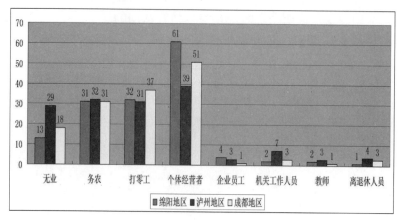

图 4-43 四川省三地区调研对象职业分布

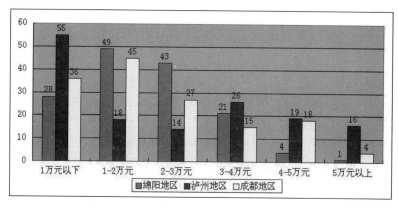

图 4-44 四川省三地区调研对象年收入状况

从四川省三地区农村乡镇居民的年收入状况来看,以 3 万元以下的人群居多。从总体来看,收入在 3 万元以下的人群占据被调查人群的 71.75%;从地区分布来看,绵阳地区收入 3 万元以下的人群比例是 82.19%,泸州地区是 58.78%,成都地区是 74.48%。四川自古就是个天府之国,土地肥沃、物产丰富,当地农民过着自给自足的生活。大多数乡镇居民并不为城市的物质浮华所动,生活所需大多可从身边的山水土地获得。收入尽管微薄,但足够村民享受其世外桃源般的闲暇生活。因而在乡镇街头,当地居民喝茶、摆龙门阵、参与众多的休闲活动。

（三）四川省农村乡镇人群的体育消费状况

1. 体育服装鞋帽年度消费状况

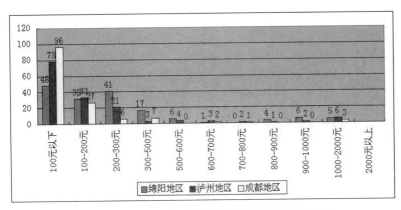

图 4-45 四川省三地区体育服装鞋帽年度消费状况

如前文分析,四川省农村居民依托周边生活环境中的山地河流,生活能够自给自足,但年收入并不高,因而除了生活必需品,其他的消费活动相对较少。在体育消费领域,四川省农村乡镇居民主要消费项目集中在3百元以下的服装鞋帽,从总体来看,服装鞋帽消费在 300 元以下的群体占被调查人数的 84.33%。少数乡镇居民的年度体育服装鞋帽消费甚至达到了千元以上。因为服装鞋帽等耐用消费品既方便村民们参与体育休闲活动,也是居民们从事日常劳作活动的工作服,所以这一类型的消费比例相对较高。

2. 体育器材设施年度消费状况

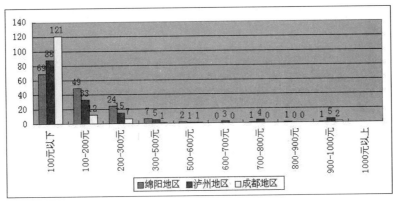

图 4-46 四川省三地区体育器材设施年度消费状况

由于经济收入的限制,四川省农村乡镇居民除了生活必需品,在其他领域的花销相对较少。与体育服装鞋帽相比,愿意购置体育器材的村民就更少了。调查发现,体育器材设施消费在 200 元以下的群体占被调查人数的 78.81%。没有居民愿意花销千元以上来购置体育器材设施。乡镇居民们愿意购置的体育器材金额大多在百元左右,如羽毛球拍、麻将等,愿意购置百元以下体育器材设施的群体占被调查人数的 58.90%。这些简易器材花销不多,也符合他们日常休闲活动的需要。

3.农村乡镇居民对待收费体育场馆的心理预期价格

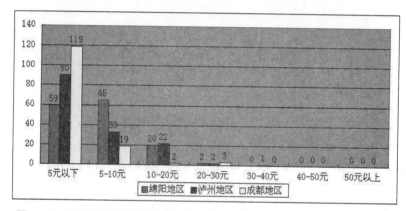

图 4-47 四川省三地区居民对待收费体育场馆的心理预期价格(元/小时)

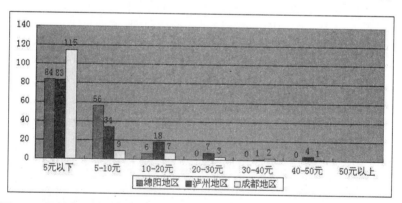

图 4-48 四川省三地区居民对待体育健身方法培训的心理预期价格(元/小时)

同样,由于经济收入的限制,尽管四川省农村乡镇居民热衷于休闲活动,但他们在休闲消费方面的开支也多局限于街头茶馆之类的场所。收费体育场馆并非乡镇居民所愿,即便到体育场所从事健身休闲活动,他们的心理预期价格也大多在 5 元以下或者 10 元左右。调查显示,四川省农村乡镇居民对体育场馆的心理预期价格在每小时 10 元以下的比例占

88.1%,几乎没有乡镇居民愿意花费每小时 20 元以上去体育场所参加体育活动。

4. 农村乡镇居民对待体育健身方法培训的心理预期价格

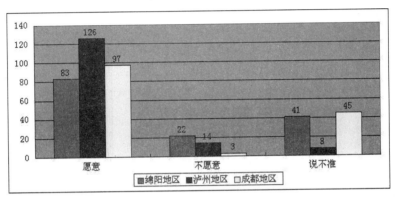

图 4-49 被调查乡镇居民参加免费体育方法学习的意愿

被调查的四川省农村乡镇居民大多愿意参加一些体育健身技能与方法的学习,对待体育健身方法学习的心理预期价格是免费或者每课时 5 元以下。调查表明,对待免费的体育健身方法学习,70% 的四川省农村乡镇居民是乐于参与的。对于需要为学习体育健身方法支付适当费用的心理价格预期,65.58% 的人选择 5 元以下,23.02% 的人选择 5—10 元,如果超过 50 元,就没有人愿意参与。这说明四川省农村乡镇居民愿意接受体育健身方法学习,但倾向于免费或者低廉的收费。

(四)四川省农村乡镇人群的体育活动状况

1. 农村乡镇居民最喜爱的体育活动

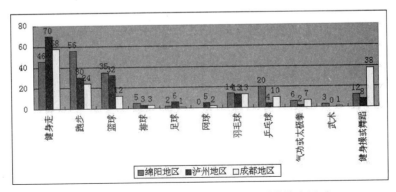

图 4-50 四川省被调查地区居民最喜爱的体育活动

调查发现,四川省农村乡镇居民最喜爱的体育活动依次是健身走、跑步、打篮球等,选择比例分别是 32.16%、20.33%、14.6%。也有部分乡镇居民选择羽毛球、乒乓球、健身操或广场舞,选择比例分别是 7.39%、6.28%、10.72%。这说明简便易行、不需要太多开销的体育活动项目最受农村居民的欢迎。

2. 农村乡镇居民每周参加体育活动的次数

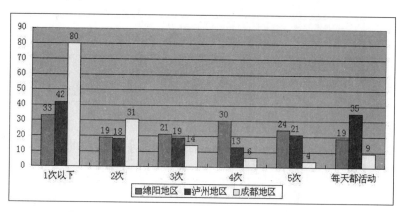

图 4-51 被调查地区居民每周参加体育活动的次数

四川省农村乡镇居民参加体育活动的频度,每周参加 1 次或不参加体育活动的人数仍然较多,该选项的选择比例是 35.39%。每周参加 2 次以上体育活动的人数分布比较均匀,其中每周参加 2 次体育活动的选择比例是 15.53%,每周参加 3 次体育活动的选择比例是 12.33%,值得关注的是每天都活动的选择比例在 14.38% 左右。这说明四川省农村乡镇有部分居民坚持每天都参加体育活动,体育娱乐活动已经成为部分乡镇居民的日常生活方式。这是一种较好的倾向,也是农村乡镇居民生活水平提高、闲暇时间增多的反映。

3. 农村乡镇居民参加体育活动的目的

在体育活动参与目的方面,以健身为目的的选择比例最多,达到 34.4%,其次是打发消磨时间,比例为 30.34%,可见体育活动已经融入人们的日常生活、成为生活方式的有机组成部分。以娱乐为目的的选择比例排在第三位,有 16.45%。(选择比例的计算方法:用某一候选项的被选次数,除以所有候选项的被选次数)。可见,在四川省农村乡镇居民中,参与体育活动的主要目的是健身、打发消磨时间和休闲娱乐,较少有人以治病为目的去参与体育活动。体育活动与看电视、打麻将、喝茶聊天等成为四川农村乡镇居民消磨时间、休闲娱乐的重要手段,成为生活方式的一种常态,这是农村社会文明进步的标志,也反映出农村新型城镇化之后人们生活方式的可喜转变。

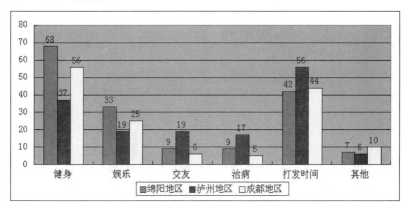

图 4-52 四川省三地区乡镇居民参加体育活动的目的

4. 农村乡镇居民参加体育活动的时间段

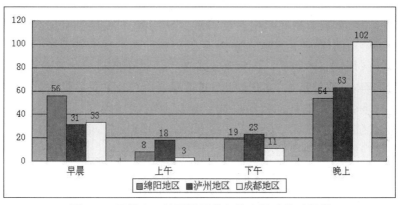

图 4-53 四川省三地区居民参加体育活动的时间段

调查发现,四川省农村乡镇居民参加体育活动的时间段主要以晚上居多。在被调查的乡镇居民中,选择在晚上参加体育活动的达到52.02%;选择早晨参加体育活动的比例达到28.5%,这说明避开农村乡镇劳作时间的夜晚和早晨,人们有更多的余暇参与体育活动。从地区分布来看,在成都市农村乡镇居民中选择晚上参加体育活动的高达68.46%,绵阳市、泸州市农村乡镇居民选择晚上参加体育活动的比例分别为39.42%、46.67%,可见成都地区农村乡镇居民晚间参加体育活动的比例更高。由于受到周边大城市的影响,日出而作、日落而息的传统生活方式正在悄然改变,村镇居民也有闲情逸致像城市居民一样去感受体育活动的新奇与乐趣。

5. 农村乡镇居民参加体育活动的地点

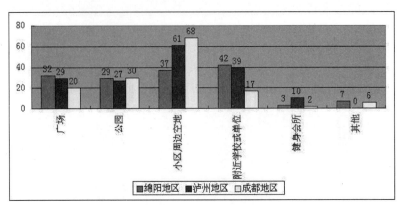

图4-54 四川省三地区居民参加体育活动的地点

农村新型社区建设是推进新型城镇化的重要配套工程。新型农村社区不是简单的村庄合并或人口集聚,而是营造一种新的生活共同体,让农民过上类似城市的生活,享受类似城市的公共服务,从而实现就地城镇化的目标①。实施新型城镇化建设以来,四川省农村地区实行融合并点,农村乡镇居民的居住环境相对集中,伴随着村庄改造成为新型社区,农民转化为社区居民,进而带来了生活方式和生活理念的转变。广大社区居民的物质需求、精神需求、文化需求、健身需求也日益增长。调查显示,四川省农村乡镇居民选择在社区周边空地健身的比例很高,达到36.17%,选择在社区附近学校或单位健身的比例有21.35%,选择在社区附近公园或广场健身的比例则达到了36.19%,可见农村社区居民的健身场所选择倾向于就近就便。

6. 农村乡镇居民体育活动地点与住处的距离

如前所述,四川省农村乡镇居民倾向于就近就便参与体育活动,因此对待体育活动地点与住所的距离,社区居民的选择是越近越好,但最好不要对家居生活产生噪声等方面的干扰。对于体育健身活动点与住处距离,选择步行10分钟以内的比例最高,达到58.61%,选择步行10—15分钟距离的比例有29.63%,选择骑车10—15分钟到体育活动点的比例有7.63%,少量村民选择乘车到体育活动点,几乎没有村民愿意乘车半小时以上去体育健身活动点。

---

① 许经勇.在新型城镇化进程中推进农村社区建设[N].福建日报,2015-07-06.

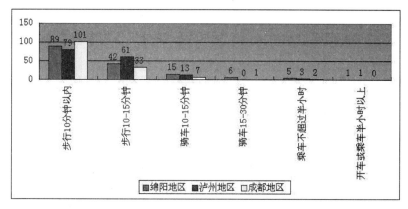

图 4-55 四川省三地区居民体育活动地点与住处的距离

7.农村乡镇居民参加体育活动的友伴选择

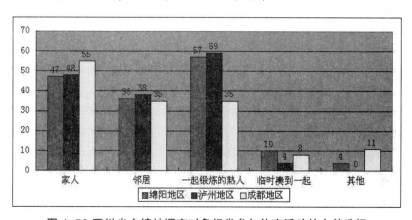

图 4-56 四川省乡镇被调查对象经常参与体育活动的友伴选择

　　友伴在农村乡镇居民的体育活动中扮演着重要角色。选择与熟悉的友伴一起参与体育活动的比例高达 91.72%,其中选择与经常一起锻炼的熟人参与体育活动的比例是 33.78%,与家人一起参加体育活动的比例是 33.56%,这说明经常一起锻炼的熟人或家人有共同的爱好和话题,有利于参加体育活动时的相互交流。这也说明共同参加体育活动有助于创造融洽的气氛,对缓解精神压力、促进身心健康都有良好的效果。选择与邻居一起参加体育活动的比例是 24.38%,这反映出在农村社区,除了家人以外,左邻右舍非常熟悉,相互邀约一起参加体育活动、跳广场舞是经常现象。这说明体育活动有利于加强新型城镇化背景下的和谐社区建设。

8. 农村乡镇居民不参加体育活动的原因分析

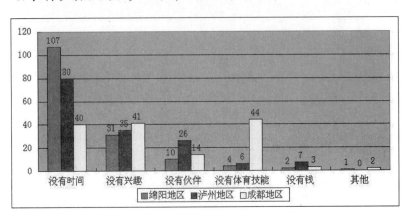

图 4-57 四川省乡镇被调查对象不参加体育活动的原因分析

对于不参加体育活动的原因,选择没有时间的比例最高,达到 50.11%,这说明闲暇时间仍然是影响体育参与的最重要因素。其次是没有兴趣,选择比例是 23.62%,这说明主观体育意识也是影响体育活动参与的重要因素。选择没有体育技能及没有友伴的比例分别是 11.92% 和 11.04%,说明这两个方面也是影响体育活动参与的客观因素,但不是主要原因。因没有钱而不参加体育活动的比例只有 2.65%,这一方面说明金钱不是制约人们参与体育活动的主要因素,另一方面也反映出农村乡镇居民缺少体育消费意识,他们愿意参加不花钱的体育活动。需要注意的是,金钱不是制约人们参与活动的主要因素,人们没有钱同样可以进行体育活动,但是人们参与体育活动是建立在一定的经济基础之上的,没有钱人们也就很少有闲情逸致去参与体育活动。金钱也是农村乡镇组织开展体育活动的前提,没有适当的资金积累,农村乡镇基层政府和社会组织也就没有足够的能力去组织开展农村体育文化活动。因此金钱对于个体参与体育活动的影响主要表现在体育意识上,而对于基层政府和社会组织而言,金钱则是决定是否组织开展体育活动的重要物质基础。

(五)四川省农村乡镇体育活动组织状况

1. 农村乡镇体育活动场所数量

从被调查乡镇拥有的体育活动场所来看,近 80% 的农村乡镇至少拥有 1 处以上体育活动场所或设施。这说明社会主义新农村建设以来,特别是新型城镇化建设以来,农村乡镇的体育场地设施资源有了较大改善。

其中拥有 1 处体育活动场所或设施的占 35.99%,拥有 2 处体育场所或设施的占 17.77%,拥有 3 处体育场所或设施的乡镇占 20.05%,这说明多数乡镇至少拥有 1 处以上体育场所或设施。值得注意的是仍然有 20.5% 的农村乡镇没有体育活动场所或设施,这与农村乡镇的经济基础有较大的相关性。从体育场地设施的地区分布来看,成都地区农村乡镇体育场地设施建设状况相对较好,拥有 3 处体育场所设施的乡镇在该地区占据 49.66%,这说明成都地区农村乡镇依托区域范围内的城市资源,经济基础较好,体育活动场地设施也相对较多。

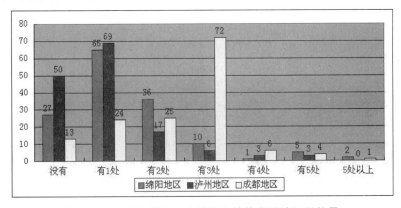

图 4-58 四川省被调查乡镇拥有的体育活动场所数量

2. 农村乡镇常年举办的体育活动数量

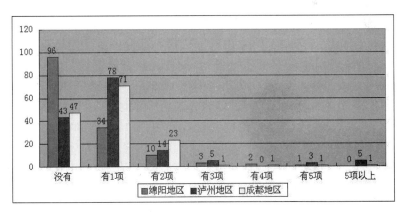

图 4-59 被调查乡镇常年举办的体育活动项目

对于被调查乡镇常年组织开展的体育活动数量,有 57.63% 的农村乡镇每年至少举办 1 项体育文化活动,这说明新型城镇化建设以来四川农村体育文化活动日渐红火热闹。其中每年举办 1 项体育活动的农村乡镇占据 41.69%,选择每年举办 2 项体育活动的有 10.71%,每年举办 3 项体育活动的有2.05%,每年举办3项以上体育活动的乡镇非常少。这说明多数农村乡镇常年举办的体育文化活动在1—2项左右,这与地方财力有关。值得注意的是选择常年不举办体育活动的乡镇仍然有42.37%,这说明农村乡镇基层政府的工作重心仍然在发展经济,对于文化体育活动重视程度不够,除了拥有舞火龙、赛龙舟等传统文化活动的乡镇以外,许多村落的体育文化生活相对较少。

  3.农村乡镇居民到单位或学校体育场所参加免费活动的意愿

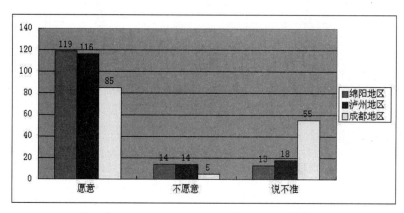

图4-60 被调查乡镇居民到体育场所参加免费活动的意愿

调查表明,愿意到乡镇单位或学校体育场所参加免费体育活动的乡镇居民有72.89%,这说明多数居民愿意参加体育活动,但不愿意为此支付费用,这反映出农村乡镇居民大多有较高的体育参与意愿,但体育消费意识有待提高。有7.52%的乡镇居民选择不愿意参加免费体育活动,这部分农村居民基本没有体育参与意识,即使连免费体育活动也懒得参加,这与农村老人多年的生活习惯有关。有19.59%的乡镇居民说不准是否愿意参加免费体育活动,这表明有部分农村乡镇居民对于体育活动还处于一种观望状态。在新型城镇化建设进程中,基层政府和社会组织应该积极创造条件,为新型城镇和农村新型社区提供必要的基本公共服务,引导新型城镇和社区居民转变生活方式,提高生活质量和健康水平,为建设生态宜居、文明健康的新型城镇而努力。

第五章　新型城镇化背景下农村体育发展路径设计

一、新型城镇化背景下发展农村体育的指导思想及基本原则

根据中央新型城镇化工作会议以及《国家新型城镇化规划（2014—2020）》精神，按照走中国特色新型城镇化道路、全面提高城镇化质量的要求，结合我国东、中、西部各地区农村体育发展现状，确定新型城镇化背景下发展农村体育的指导思想是：高举邓小平理论和"三个代表"重要思想旗帜，以科学发展观为指导，紧密围绕全面提高城镇化生活质量，以满足广大村镇居民日益增长的体育文化需求为出发点，以发展村镇人群身心素质为根本目标，结合不同区域村镇社区实际情况，分层次、分地域、分阶段建立健全农村体育保障体系和公共服务体系，积极开创农村体育的新局面，努力实现农村体育现代化，为构建社会主义和谐社会作出贡献。

新型城镇化背景下发展农村体育应该坚持如下原则：

（一）以人的城镇化为核心，公平共享新型城镇化建设成果

人的城镇化是新型城镇化的核心。以人为核心的城镇化应当树立"城镇化让生活更美好"的理念，最大限度满足城镇居民衣食住行和体育文化生活需求，使城乡居民平等享受同质化的体育公共服务，共享城镇化发展成果。为此要逐步实现农业转移人口市民化，同时依托县城和县域中心镇，进一步提升其人口集聚功能，将农村社区建成城镇化的末端，鼓励更多的农村居民就地城镇化，实现城镇化的均衡发展。新型城镇化在土地资源的集约高效配置前提下，更加注重"人的城镇化"，不仅要让农民进城实现地域转移和职业转换，还要实现身份的转换，实现就业方式、人居环境、社会保障、体育文化生活设施等由乡到城的重大转变，圆农村居民的"市民梦、创业梦、安居梦"。截至2013年中国的城镇化率已达到了53.7%，但城镇户籍人口的比重却只有35%左右。按照半年以上常住人

口的口径被统计为城镇人口的 7 亿人中,有大约 2.2 亿人仍然持有的是农村户籍,这些人在很大程度上享受不到城镇户籍人口所能够享受到的市民权利和公共服务,这反映出当前中国城镇化的质量还不高。因此县城及县域中心镇应该围绕人的城镇化核心,加强基本生活体育设施建设,提供基本公共体育服务,保障农民住房有改善、子女有教育、生活有文化,全面打破城乡分割的管理体制,让集聚到城镇生活的农村居民有稳定的体育文化活动场所,还能够享受与城市居民一样的体育公共服务。

(二)坚持市场主导、政府引导、社会参与的基本方针

对东中西部不同省份农村乡镇体育现状的考察表明,当前农村体育发展仍然存在"等、靠、要"的现象,由于农村体育市场化进程迟缓、基层社会组织发育不足,农村体育事业严重依赖政府,而农村基层政府坚持以经济建设为中心,无暇顾及也无法将有限的财力投入农村体育事业中去。随着新农村建设以及农村新型城镇化进程,农村面貌日渐改善,这种状况也将逐渐得以改变。依据我国新型城镇化建设的实际以及我国社会主义体育事业发展的性质,紧紧依靠新型城镇化建设这个城乡发展"连接点",坚持市场主导、政府引导、社会组织参与,符合全面建成小康社会的农村体育发展大方向。

1.基层政府转变职能,积极发挥引导作用

随着农村市场的繁荣以及农村居民体育意识的觉醒,农村体育必须改变政府包办的格局,充分利用市场机制,积极依靠体育社会组织,发挥村镇居民的主体作用,唤醒他们自觉锻炼意识,追求健康幸福生活。政府引导作用主要体现在农村体育发展规划、农村体育基础设施建设、农村体育发展协调作用与农村体育发展评价等方面。要充分依靠和相信广大农村群众,充分尊重村镇居民的体育权益,相信农村社会的体育智慧与组织能力,全面推动实施农民健身工程。农村体育发展规划的基点在乡镇。乡镇政府要根据自身实际制定体育专项发展规划,并将体育发展规划纳入乡镇政府总体发展规划。农村体育基础设施建设投入需要县市区政府予以政策扶持。要根据所管属乡镇基础情况,提供经济与政策保障,将乡镇体育事业经费列入政府财政预算,加大农村乡镇体育基础设施建设力度。农村体育发展协调作用的主体是县(市、区)与乡镇两级政府。政府职能机构要充分调动农村居民参与体育、发展体育的主动性与积极性,使村镇居民不仅成为农村体育事业发展的受益者,也成为建设者。农村体育发展评价管理是各级政府职能部门的职责。要在对市级、县级、乡镇政

府工作评价中,列入对农村体育发展业绩的评价内容,要设立可显现的、居民认可的量化指标,不搞务虚的、不实际的评价内容体系,真正实现以评促建设、以评促发展。农村体育发展的历程证实,政府对于农村社会体育事业的管理和调节责任不但没有被削弱,而且更为加强。这是中国农村社会历史发展过程中的普遍规律。各级政府拥有十分强大的治理农村社会体育的能力。农村社会体育发展框架的建构,公共体育设施的规划以及建设投入资源供给,以及体育服务市场的政策制订,都与政府工作职能密切相关。各级政府在实施农村社会体育管理过程中,主要是通过强化政府正确评判农村社会体育发展趋势,编制农村社会体育发展专项规划,制定农村社会体育政策与法规,统筹农村社会体育治理制度管理模式设计等职能,以此充分发挥政府在推进农村体育现代化进程中的引导作用。农村乡镇基层政府应坚持"确立本位、整体设计、统筹兼顾、突出重点"的发展原则,以典型性、示范性、基础性、导向性的农村体育基础设施建设为基点,以促进新农村社会和谐,全面达成为农民体育服务的目标。坚持农村体育要以"村镇居民为本"的理念,把农村体育发展同地方社会发展相结合,同和谐农村建设相统一,形成贯穿社会管理始终的主线,把农民健身工程作为农村社会管理的主要内容之一,把强化农村基层体育作为考核乡镇政府工作业绩的突出内容,合理规范整合农村各类社会体育资源,扩展农村体育社会服务的有效手段,把农村体育信息化建设作为社会体育发展的有力支撑,把一系列农村体育基础建设项目作为推动农村体育现代化的动力。

2. 实施市场化运作调节,满足城镇化集聚带来的体育服务需求

市场运作调节本质上就是符合市场化条件与规则的运行机制。新型城镇化建设的运行机制,客观上需要建立投入、供给、竞争、管理、风险等具有整体性、系统性、关联性的各类有效的市场机制。新型城镇化建设中的农村体育发展也十分需要建立依靠市场发展的运作调节机制。一般可分为内部与外部机制。内部市场调节主要包括体育市场管理模式、体育市场服务平台、体育市场评价体系、体育发展基金风险机制等。外部的市场调节主要包括农村体育人力资源的流动与控制、农村体育生态环境的变化、体育市场服务中的突发事件调控等。市场运作调节机制的最佳选择是以追求经济利益为目标,兼顾追求体育服务社会效益,得到村镇居民满意,进而实现社会效益与经济效益的双赢。

新型城镇化背景下农村体育发展依靠市场运作实施调节是可行的,符合社会主义市场经济的运行法则。农村体育发展是庞大的、生态的体

育建设工程,需要各方力量对村镇体育发展进行投资,其社会资本积累的方式是多元化的;同时,农村体育又是具有经济发展价值的综合开发过程,蕴涵着潜在的体育市场开发价值。体育市场一般分为两大类:体育服务产品市场和体育物质产品市场。市场内容主要包括体育博彩、体育娱乐、体育竞赛表演、体育中介、体育旅游、体育媒体和体育保险市场等。必须建立快捷的农村体育市场反应机制,使体育服务产品和体育物质产品的设计推广、品牌营销、物流配送、售后服务与市场反馈等方面尽快形成体育商品价值"供应链"体系。

3. 培育乡镇体育社会组织,广泛动员社会各阶层参与农村体育发展

随着农村新型城镇化进程,农村社会逐渐走向成熟,农村乡镇社会组织及其成员有更多机会主动或被动地参与村镇的经济、文化、教育与体育等公共事务,提出具有建设性的意见。社会参与的重要作用在于:第一,公民的公共参与意识是推动社会发展与进步的积极主体力量,而不是社会的附属工具。第二,参与者可以形成积极的、强大的支撑力量,拥护、动员、组织、执行与支持各类社会力量建设和谐社会,推行各项惠民政策与相关法律法规,协助解决社会发展过程中出现的各种疑难问题,形成比较完善的规范社会行动的自治与约束机制,以促进政府与社会力量完成各种公益性、社会性与民主性的各类目标。并能够为政府执行公益性职能,提供有效的制约和补充。例如,在农村体育发展方面,可以通过个体、民间、企业等投入机制的建立与运行发挥作用。第三,通过参政议政、决策咨询、民意调查等手段,为政府制定规划、设计方案、寻找合作、最终决策,提供畅通的信息,并且可以在一定范围内间接参与政府决策,在农村体育发展完善过程中,助政府"一臂之力"。

社会参与是实现农村体育政策科学化、民主化的保证。从农村社会融合理念出发,推动农村社会体育管理体制创新,建立健全为农民服务为本、体育法治为本、多元协作的农村社会体育管理体制,是农村体育建设的发展方向。农村体育体制改革要通过农村社会组织培育和发展,充分发挥农村体育社会组织的基础性作用。着力解决农村体育发展中出现的利益多元化的诸多问题。要把社会大众、社会组织、单位或个人作为发展农村体育的参与主体,逐步形成自我管理、自我服务、自我发展的组织与能力。

(三)新型城镇化背景下坚持农村体育现代化分层推进

我国社会经济文化发展的不平衡性和区域性特征,决定我国农村体

育发展必须采取区别对待,分层次、分区域、分阶段稳步发展的策略。在区域体育发展格局上,应从各地区经济、社会、文化发展不平衡的实际出发,梯度推进,鼓励经济发达地区率先进行体育现代化探索,积极扶持经济后发地区逐步跟进,最终实现全域范围内农村体育现代化。因此,要从农村不同层次的社会经济文化发展的实际出发,有区别地进行分析,提出不同要求,制定不同发展步骤,保障农村体育现代化分层次、分区域、分阶段逐步推进。

1. 经济发达地区的农村体育现代化

江苏等东部经济强省已经实现乡镇体育健身中心建设全覆盖;村组有农村体育健身工程与体育场地设施。根据东部发达省份经济文化发展及基础设施现状,可以提出实现体育强省的农村体育现代化目标要求:第一,要建立一套全民健身制度体系。定期进行全省国民体质监测工作,公开发布全省国民体质监测公报;建立群众体育现状调查制度和健身基础数据统计体系。第二,建立一个全民健身组织网络。重点抓农村体育组织建设,建立和完善乡镇全民健身指导委员会、各类人群体育组织、单项体育组织建设,推动全民健身组织网络向村组延伸。第三,建设一批全民健身设施。实施农村公共体育健身设施的提档升级与覆盖延伸。第四,开展一系列全民健身活动。深入开展体育进农村、全民健身月、全民健身运动会、农村新优项目展示等活动。乡镇、行政村要结合各自特点,建设1—2支全民健身特色项目队伍,创办1—2个全民健身特色活动。第五,构建一个新型健康服务平台。要整合农村社会体育资源,形成良好的体育合作机制。

2. 中等发达地区农村体育现代化

湖北、四川等省份农村乡镇的考察表明,我国中部地区经济社会文化发展状况相对领先于西部偏远地区,但与东部沿海发达地区相比又相对滞后。这类中等发达地区农村体育现代化在大格局中应该逐步发展、逐步跟进。中部农村体育发展在经济、区位、资源、政府支持等方面具有较大的优势。同时也存在农村体育起步晚、发展不平衡、规模偏小、沟通融合不够等不足。中等发达地区农村体育现代化应从如下几个方面加以考量:第一,整合创新发展。要实现农村体育服务业的集聚发展,伴随农村新型城镇化进程,注重区域内农村企业的集聚整合,提供体育服务设施、体育信息咨询、体育培训和研发、体育金融服务、体育电子商务、体育物流和网络链等。第二,建立区域农村体育产业基地。通过吸引各类企业进驻,开发、开放有特色的体育产业聚集区,增强区域农村体育产业经济竞争力。第三,走非均衡协调发展之路。要形成以经济较发达县城镇为中心,较大乡镇为副中心,广大新农村社区为腹地的农村体育现代化发展定位。非均衡协调发展,可促使中等发达地区在较短的时间,集聚更多的、优质的农村体育资源与能量,提升农村体育现代化的层次。

3. 经济薄弱地区的农村体育现代化

我国经济薄弱省份的农村体育现代化,依靠农村城镇化进程是十分重要的、有效的路径。经济薄弱省份的财政相对困难,无法给农村体育的发展给予更多的投入,乡镇村组的体育基础设施非常薄弱,各乡镇政府没有资金投入,难以解决乡镇到村组体育问题。对经济、社会、文化、教育、体育等各方面都还处于欠发达、欠开发状况的省份而言,开创农村体育工作新局面,困难的因素很多。第一,要解决的是思想观念问题,诸如农村农民生活水平低,无法开展体育;抓农村体育影响经济发展。等等。因此,提高经济薄弱省份各级政府与群众对发展农村体育的认识水平是首要任务。第二,各级政府要多方筹措资源,增加农村体育基础设施投入。第三,建立县区、乡镇、村组三级体育组织机构网络,成立农民体协和项目体协。第四,组织开展晨(晚)练进农村,让丰富多彩、形式多样、各具特色的健身活动进入村镇居民生活。第五,在有条件的乡镇,发展体育产业,建立农村体育服务体系。

(四)新型城镇化进程中实现农村体育的集约发展与生态发展

1. 新型城镇化促成农村体育集约发展

农村新型城镇化建设的一个突出特点是要实现农村社会的集聚发展。为了集约土地资源,大量分散的农村人口搬入新型农村社区或新型乡镇,人群的集聚带来了社会服务需求的增加。新型城镇化社会服务供给集约化程度增高,带动农村社会体育服务供给市场集中度升高,体育产业经济效应随之攀升。社会主义初级阶段农村体育资源存在很多不足,但新农村体育事业又是需要加大投入与快速发展的事业,处于突出的矛盾状态,必须要在市场上对体育资源配置、体育资源利用方式寻求出路,注重效率和效益的双边提高。第一,农村体育资源配置的主体由政府转向多元化。第二,由行政调节转向市场调节与分级行政调节相结合。第三,由封闭的农村基础体育资源配置转向开放性的、现代化的综合体育资源配置。第四,由计划经济体制下的农村社会体育动力机制转向利用社会体育资源,增加农村体育发展有效而系统的供给。第五,调整农村体育资源结构。初级阶段我国农村体育发展过程中,存在体育资源结构性矛盾。农村体育资源配置水平低、效率低,与城市差距较大。农村体育事业实现向集约化发展方向转变,是加快城镇化建设的重要表现。要通过转变政府职能、创造农村集约化体育环境,加快小城镇体育建设,走农村体育事业可持续发展之路。

2.农村体育生态发展的有效路径

第一,应加强农民体育生态观教育。通过各种媒体向农民宣传生态平衡的理论,促使广大农民群众树立正确的体育生态意识与环境意识,明确农村生态体育在新农村建设中的地位与作用。第二,保护性开发农村生态体育资源。一方面对现有农村自然体育环境实施保护,合理开发与利用;另一方面对农村居民进行帮助指导,开展具有乡土气息的农村本土性体育的挖掘与整理,逐步形成农村体育生态系统。第三,建立农村生态体育服务体系。由政府宏观引导,有序引入市场机制,构筑农村乡镇、学校、社会一体化的农村生态体育服务体系。通过构建农村群众体育服务网络平台,发展农村群众体育志愿者,加强生态体育观念的指导培训,完善农村生态体育设施网络系统,更好地实施农村体育生态化服务模式。第四,农村体育生态系统政策保障。建立农村生态体育管理规章制度,完善监督、监管与保障机制,由各级政府职能部门会同社会机构进行评估、检查与反馈。第五,丰富农村生态体育内涵。要对植根于农村民族体育中的各类运动项目,进行创新、移植、嫁接和改编,重新组合成具有地方特色的健康体育产品,更好地挖掘并拓展农村生态体育的内涵。

二、新型城镇化背景下农村体育发展目标

(一)新型城镇化背景下农村体育发展总体目标

依据农村新型城镇化建设目标以及体育现代化发展理论,结合对我国东中西部农村体育现状的考察,本研究提出新型城镇化背景下农村体育事业发展总体目标是:借助新型城镇的集约功能,实现农村体育的生态发展,使农村体育发展与新型城镇化建设同步,并逐步实现农村体育现代化。着力改善与优化农村体育事业内部结构和发展质量,促进农村体育事业在新型城镇化进程中实现跨越式发展,为建设体育强国奠定坚实的群众基础。进一步深化农村体育改革,夯实农村体育发展的社会物质与精神基础,不断加快农村体育发展速度。完善农村公共体育服务体系

的市场化进程,全方位加强农村公共体育服务内涵建设,逐步提升农村体育可持续发展的潜能。优化农村体育市场化与产业化结构,增强农村体育产业经济发展创新能力。推进农村体育竞赛体制改革,改善农村体育竞赛内容与市场化运作方式,为村镇居民提供多样化的体育文化活动。促进农村乡镇与村组体育管理的科学化、法治化、现代化,全面提高村镇居民的身心健康素质,推动我国农村体育现代化发展步伐。

(二)新型城镇化背景下农村体育发展具体目标

1. 农村体育现代化具体目标体系

按照农村新型城镇化背景下农村体育发展总体目标,参照《国家新型城镇化规划(2014—2020)》,依据到 21 世纪中叶建成富强、民主、文明的社会主义现代化强国的战略部署,并结合我国东、中、西部农村体育发展现状,可以将农村体育发展总体目标分解为五个维度的具体目标体系,并确立到 22 世纪中叶建国 100 周年时实现我国农村体育现代化发展"三步走"的战略步骤。

需要说明的是,农村体育现代化目标体系试行方案是依据当前东部发达省份(江苏、浙江)等地区农村体育发展状况并考察中西部地区农村体育发展现状而拟定的。由于我国农村幅员辽阔,各地区经济社会发展的差异性较大,即使在同一省份同一地区,不同层次的农村体育发展环境也有较大差别。因此,上述农村体育现代化目标体系只能是相对性的目标参照体系,各地区应该结合本地的实际情况,分层次、分地域、分阶段拟定本地区的农村体育发展目标,最终实现全国范围内农村体育的共同进步。

新型城镇化背景下农村体育现代化具体目标体系可由下表显示。

表 5-1　农村体育现代化目标体系试行方案

一级指标	二级指标	检测点	目标值	权重
A 体育保障度	1 体育场地设施	(1)人均体育场地设施面积	$\geq 2.5m^2$	5
		(2)县级"新四个一"工程建设覆盖率	100%	3
		(3)乡镇(街道)公共体育设施达标率	$\geq 95\%$	4
		(4)城乡居民区(行政村)公共体育设施达标率	$\geq 90\%$	3
		(5)城镇社区"10 分钟体育健身圈"覆盖率	$\geq 95\%$	4

续表

一级指标	二级指标	检测点	目标值	权重
	2 体育财政投入	（6）每万人拥有晨晚练健身站（点）数量	≥ 8	4
		（7）财政体育经费增长率与公共财政增长率的比例	≥ 0.6%	2
		（8）体育彩票公益金用于公共体育事业的比例	100%	2
	3 体育法治化水平	（9）地方性体育法规与保障执行措施	见说明	2
		（10）体育工作纳入各级政府考核体系	见说明	3
	4 体育信息化水平	（11）体育电子政务实施率	≥ 80%	2
		（12）公共体育设施、体育人才信息等数据库及体育数字地图建设率	≥ 80%	3
		（13）体育宣传实现地方媒体全覆盖	100%	2
B 体育普及度	5 体育活动参与	（14）经常参加体育活动的人数比例	≥ 40%	3
		（15）每天体育活动达到 1 小时的学生比例	100%	3
	6 群众性体育活动普及与开展	（16）每年举办 4 次以上全民健身活动的乡镇（街道）覆盖率	100%	3
		（17）定期举办县及以上地区全民健身运动会覆盖率	90%	2
		（18）定期举办县及以上地区性单项（人群）全民健身竞赛活动	见说明	3
C 体育质量度	7 国民体质	（19）国民体质合格率	≥ 95%	5
		（20）学生体质健康合格率	≥ 95%	5
	8 品牌赛事工程	（21）地方特色或品牌体育赛事	见说明	4
	9 体育强市强县建设	（22）达到省定体育强市强县标准的市、县比例	≥ 90%	3
D 体育贡献度	10 体育产业与消费	（23）体育产业增加值占地区生产总值比重	≥ 1.5%	2
		（24）体育彩票年销售量贡献及进步幅度	见说明	3
		（25）人均体育消费占人均可支配收入比例	≥ 3%	3

一级指标	二级指标	检测点	目标值	权重
E 体育满意度	11 体育公共服务	（26）城乡公共体育服务均等化水平差异系数	≤ 0.55	2
		（27）3A 级体育社团占体育社团总数的比例	≥ 20%	3
		（28）每万人拥有一线社会体育指导员数量	≥ 13	3
		（29）公共体育设施社会开放率 其中：学校体育设施开放率	100% ≥ 50%	4
	12 群众满意度	（30）群众对体育场地设施配置的满意度	≥ 80%	5
		（31）社会对体育管理与公共服务的认可度	≥ 70%	5

2. 关于农村体育现代化具体目标体系的说明

参照《中共中央国务院关于进一步加强和改进新时期体育工作的意见》（中发〔2002〕8 号）、《中共中央国务院关于加强青少年体育增强青少年体质的意见》（中发〔2007〕7 号）、《全民健身条例》（国务院令〔2009〕第 560 号）、《全民健身计划（2011–2015 年）》（国发〔2011〕5 号）、《江苏省全民健身实施计划（2011—2015 年）》（苏政发〔2011〕79 号）、《江苏省体育局关于推进体育基本现代化试点工作的指导意见》（苏体办〔2009〕1 号）等文件，结合实地调研和走访相关专家与体育管理人员，制定该目标体系。该目标体系总体框架由 5 个维度（一级指标）、12 个二级指标、31 个检测点构成。

该目标体系没有像以往的研究者那样，从群众体育、竞技体育、体育产业等体育工作的条块来划分农村体育现代化指标，而是从体育保障度、体育普及度、体育质量度、体育贡献度和体育满意度五个维度来设计农村体育现代化目标体系，不仅涉及体育场地设施、体质合格率、体育活动参与率、体育财政投入、体育产业与消费等可量化的体育发展常规指标，而且包含了体育公共服务、体育法治化水平、群众满意度等发展性的难以量化的指标，体现了农村体育现代化目标体系的全面性、先进性和引领性。下面对目标体系中的各级指标和检测点的内涵及目标值作简要说明。

A 体育保障度

该维度主要从体育物质保障的层面，反映实现体育现代化的物质基础及制度保障。包括体育场地设施、体育财政投入、体育法治化水平、体育信息化水平 4 个二级指标。

1 体育场地设施

该指标主要反映体育场地设施的建设与保障情况。包括人均体育场地设施面积、县级"新四个一"工程建设覆盖率、乡镇(街道)公共体育设施达标率、城乡居民区(行政村)公共体育设施达标率、城镇社区"十分钟体育健身圈"覆盖率、每万人拥有晨晚练健身站(点)数量 6 个检测点。

（1）**人均体育场地设施面积。** 该指标反映群众性体育活动的场地条件保障,包括各级政府投资建设和社会投资建设的公共体育场地的面积,涵盖标准体育场地设施面积和非标准体育场地设施面积。《江苏体育发展"十二五"规划》将该指标设定为 2.0 平方米。截至 2011 年底,江苏省人均拥有公共体育场地面积为 2.0615 平方米,到 2013 年底,全省人均拥有公共体育设施面积达 2.32 平方米,位居全国前列,提前完成了"十二五"规划目标。按照《江苏省基本实现现代化指标体系》的要求,将该指标的目标值确定为不低于 2.5 平方米。

（2）**县级"新四个一"工程建设覆盖率。** 该项指标反映了县级体育场地设施发展规模和水平,该指标选自《江苏体育发展"十二五"规划》,要求县(市、区)体育场地设施全面建成省定"新四个一"工程(即一个塑胶跑道标准田径场、一个 3000 座左右的体育馆、一个标准室内游泳池和一个 3000 平方米以上的全民健身中心)。按照《江苏体育发展"十二五"规划》要求,各省辖市辖区范围内的县级体育场地设施"新四个一"工程实现全覆盖,因此,将此项检测点的目标值确定为 100%。

（3）**乡镇(街道)公共体育设施达标率。** 该指标是江苏省五级公共体育设施网络的重要组成部分。《江苏体育发展"十二五"规划》要求在乡镇街道建设"三室一场一路径"(乒乓室、棋牌室、健身室或体质测定与运动健身指导站、篮球场或其他球场、一条健身路径),提高乡镇街道体育设施建设水平。江苏体育发展"十二五"规划中期评估报告显示,截至 2013 年底,绝大多数乡镇(街道)达到了"三室一场一路径"标准。但是,实地考察表明,江苏各地区乡镇街道公共体育设施建设并不均衡,体育场地设施利用率不高,乡镇一级的公共体育设施建设有待加强。因此,将该指标目标值确定为 95% 以上。

（4）**城乡居民区(行政村)公共体育设施达标率。** 该项指标反映了基层体育场地设施的保障程度。该指标是江苏省五级公共体育设施网络的基础部分。按照国务院《全民健身条例》规定,公园、绿地等公共场所的管理单位,应当根据自身条件安排全民健身活动场地。同时按照江苏省体育局关于乡镇体育活动中心、行政村农民体育健身工程二类以上标准,要求按照"两室一场一路径"（乒乓室、棋牌室或文体活动室、篮球场或其他球场、一条健身路径）的标准，推动行政村"农民体育健身工程"提档升级。然而实地考察显示，城乡居民区（行政村）的公共体育设施建设任务仍然较为艰巨，苏南苏北村级体育设施发展极不平衡。据此，将城乡居民区（行政村）公共体育设施达标率目标值确定为 90% 以上。

（5）城镇社区"十分钟体育健身圈"覆盖率。该项指标反映了城市社区体育场地设施的覆盖状况。按照江苏省体育局《江苏省城市社区"10分钟体育健身圈"建设实施方案》，在省辖市、县（市）主城区，居民以正常速度步行 10 分钟左右（直线距离 800—1000 米）范围内，建设便民利民的公共体育设施。该指标选自《江苏体育发展"十二五"规划》。江苏体育发展"十二五"规划中期评估报告显示，到 2013 年底，江苏省 70% 以上的城市社区已经建成"10 分钟体育健身圈"。根据江苏省城市社区公共体育场地设施建设与发展现状，将该指标目标值确定为 95% 以上。

（6）每万人拥有晨晚练健身站（点）数量。该项指标反映了基层群众体育健身站（点）的分布状况。2010 年，江苏省该指标的现状值分别为 5个，而体育现代化首批试点县（市）平均达到 8 个。根据江苏省各市、县的现实状况，该指标的目标值确定为：每万人拥有晨晚练健身站（点）数量不低于 8 个。

2 体育财政投入

该指标主要反映公共财政对体育事业的支持程度。包括财政体育经费增长率与公共财政增长率的比例、体育彩票公益金用于体育事业的比例 2 个三级检测点。

（7）财政体育经费增长率与公共财政增长率的比例。该指标主要反映财政体育支出的增长情况以及公共财政投向体育领域的程度，是指年度财政体育经费增长率（包括支出预算和决算增加数，不含体育设施基本建设，但含体育彩票公益金）与公共财政预算和决算支出增长率进行比较。按照《体育法》的相关规定，结合专家意见，确定该指标目标值为不低于 0.6%。

（8）体育彩票公益金用于公共体育事业的比例。该项指标主要反映体育彩票收益对公共体育事业的支持力度，指体育彩票公益金中用于公共体育事业的数量比例。该项指标选自《江苏体育发展"十二五"规划》，目标值确定为 100%。

3 体育法治化水平

体育法规与政策是推进体育基本现代化的制度保证，该指标反映政府体育管理与服务意识在政策法规中的体现。包括地方性体育法规与保障执行措施、体育工作纳入各级政府考核体系的比率 2 个检测点。

（9）**地方性体育法规与保障执行措施**。该指标主要反映各级政府体育行政法规与政策的完善程度以及各项体育工作保障措施的严格执行情况。该项指标为定性指标，选自《江苏省全民健身实施计划》，目标确定为：省辖市、县（市、区）各级政府都有完善的体育行政法规政策，同时配有严格的保障执行措施并得以贯彻落实。

（10）**体育工作纳入各级政府考核体系**。该指标反映各级政府对群众体育事业和体育工作的重视程度。该项指标为定性指标，选自《江苏省全民健身实施计划》，目标确定为：市、县各级政府都将全民健身等体育工作纳入政府工作考核体系，并列入经济社会发展总体规划，把体育经费、体育基本建设资金列入财政预算，把体育工作写入人代会政府工作报告和年度重点工作安排。

4 体育信息化水平

该指标主要反映政府公共管理和公共体育服务的信息化程度与水平。包括体育电子政务实施率、公共体育设施和体育人才信息等数据库及体育数字地图建设率、体育宣传实现地方媒体全覆盖 3 个三级检测点。

（11）**体育电子政务实施率**。该项指标主要反映省辖市、县（市、区）各级体育行政工作实现网络查询、申报、审批一站式服务的程度与水平。根据电子政务发展要求，体育政务实现网上公开和同城异地网上无纸化办公。市、县各级政府公共服务网上公开情况，要求公开的政务信息 100% 可在网上查询，行政审批项目 100% 可在网上申请查询，行政许可项目 80% 以上可实现在线办理，行政许可和非行政许可审批项目 100% 纳入电子监察范围。确定该指标目标值为 80%。

（12）**公共体育设施和体育人才信息等数据库及体育数字地图建设率**。该项指标主要反映各地区公共体育设施数据库和体育咨询指导人才信息库建设状况以及为群众提供公共体育服务的方便与快捷程度。主要检测点包括晨晚练健身站（点）、社会体育指导员、国民体质监测、体育场馆、体育后备人才、运动员、体育竞赛信息 7 大数据库和体育数字地图建设状况。该指标选自《江苏体育发展"十二五"规划》，目标值确定为 80% 以上。

（13）**体育宣传实现地方媒体全覆盖**。该指标主要反映体育生活方式与体育意识在地方各级各类媒体中的影响与普及程度。要求地方网络媒体、平面媒体和广电媒体均开设体育专版或专栏，体育观念与意识得到广泛宣传与推广。该项指标目标值确定为 100%。

B 体育普及度

该维度主要从群众性体育活动开展及群众参与等层面,反映体育生活方式的普及和群众体育参与状况。包括体育活动参与、群众性体育活动普及与开展2个二级指标。

5 体育活动参与

该指标反映人群体育活动参与状况。包括经常参加体育活动的人数比例和每天体育活动达到1小时的学生比例2个三级检测点。

(14)**经常参加体育活动的人数比例。**该项指标反映一定区域范围内经常参加体育活动的人群占该区域居民总数的比例。经常参加体育活动,是指每周参加体育活动3次或以上。居民,是指居住在本行政区域内的常住人口,即连续居住半年以上的居民。该项指标选自《江苏体育发展"十二五"规划》。2012年全省体育人口调研显示,江苏省体育人口的比例为35.48%,已经实现江苏省全民健身实施计划提出的到2015年体育人口比例达到35%以上的要求,其中江苏体育现代化首批试点县(市)体育人口比例为37.85%。鉴于西方中等发达国家体育人口比例大致在40%,因此,将经常参加体育活动的人数比例目标值确定为40%以上,既与国际接轨,又具有明显的激励性,通过努力可以达到。

(15)**每天体育活动达到1小时的学生比例。**该项指标反映各级各类学校每天参加体育活动的学生人数占学生总数的比例。该指标选自《中共中央国务院关于加强青少年体育增强青少年体质的意见》。该文件明确规定:确保学生每天锻炼1小时。然而,当前社会和学校仍然存在重智育、轻体育的倾向,学生休息和锻炼时间严重不足。设立该指标,是为了保障青少年学生的体育参与时间,促进青少年健康成长。目标值确定为100%。

6 群众性体育活动普及与开展

该指标反映群众性体育活动的普及与开展状况,是表现体育特有活力和引导群众参与体育活动的重要平台。该指标来源于《中华人民共和国体育法》。该法律明确规定:国家发展体育事业,开展群众性体育活动。该项指标包括每年举办4次以上全民健身活动的乡镇(街道)覆盖率、定期举办县及以上地区全民健身运动会覆盖率、定期举办县及以上地区性单项(人群)全民健身活动3个三级检测点。

(16)**每年举办4次以上全民健身活动的乡镇(街道)覆盖率。**该项指标反映每年举办4次或以上全民健身竞赛活动的乡镇(街道)在该地区的比例。要求乡镇(街道)每年至少举办4次以上体育竞赛活动,包括老年人体育节、全民健身节和乡镇(街道)综合性运动会等。按照《江苏体育发展"十二五"规划》的要求,确定该指标的目标值为100%。

（17）定期举办县及以上地区全民健身运动会覆盖率。该指标反映县级及以上地区定期举办全民健身运动会,占县及以上地区总数的比例。该指标选自国家体育总局《〈全民健身计划（2011—2015年）〉实施情况评估标准》,要求省辖市定期举办市级全民健身运动会（定期不超过两年）,定期举办县（市、区）级全民健身运动会的县（市、区）占省辖市所辖县（市、区）的比例大于90%。确定该指标的目标值不低于90%。

（18）定期举办县及以上地区性单项（人群）全民健身竞赛活动。该项指标主要反映定期举办县及以上地区性单项（人群）全民健身竞赛活动的县（市、区）在该地区的比例。该指标选自国家体育总局《〈全民健身计划（2011—2015年）〉实施情况评估标准》。县及以上地区性单项（人群）全民健身竞赛活动,是指县及以上地区的单项体育协会、行业（人群）体协组织开展的全民健身竞赛、交流、普及推广活动。其中篮球、羽毛球、乒乓球、足球等运动项目的群众性体育业余联赛不低于2项。体育竞赛能够体现体育运动的特有魅力。群众性体育业余联赛是广大基层群众展现自身活力、积极参与体育活动的重要舞台,它是近年兴起的一种群众自发组织的体育竞赛形式。要求基层体育行政部门采用购买服务、委托承办等多种形式,积极举办群众性体育业余竞赛。本项指标的目标值确定为:开展县及以上地区性单项（人群）全民健身竞赛项次达30次以上的县（市、区）比例不低于80%。

C 体育质量度

体育现代化的质量应该通过人的现代化程度来体现。该维度主要从国民体质、体育后备人才质量及品牌赛事质量等视角,反映体育现代化的质量状况。包括国民体质、品牌赛事工程、体育强市强县建设3个二级指标。

7 国民体质

该项指标反映社会人口理想体质的普遍程度。包括国民体质合格率和学生体质健康合格率2个三级检测点。

（19）国民体质合格率。该指标主要反映城乡居民的体质健康程度（不含7—19岁学生）,是指各地区居民（不含7—19岁学生）按照《国民体质测定标准》进行体质健康测试,达到"合格"以上等级的人数比例。2010年全国国民体质监测结果表明,江苏省居民体质总体达标率为93.8%,高于88.9%的全国平均水平,总体达标率列全国第六。上海、浙江比江苏略高,分别为96.1%和94.9%。目前,《江苏省全民健身实施计划》确定到2015年国民体质合格率为92%,因此,参照同类省份数据,体现国内领先,将国民体质合格率目标值确定为95%以上。

（20）学生体质健康合格率。该指标主要反映7—19岁在校学生的体质健康程度,是指各级各类中小学校学生按照《国家学生体质健康标准》进行体质健康测试,达到"合格"以上等级的学生比例。该项指标及目标值选自《江苏省教育现代化指标体系》,学生体质合格率目标值确定在95%以上。

8 品牌赛事工程

该指标反映各地区品牌体育赛事的开展情况与特色体育文化活动的活跃程度。包括地方特色或品牌体育赛事1个检测点。

（21）地方特色或品牌体育赛事。该指标反映地方传统体育文化活动或品牌体育赛事的特色和水平。该项指标选自《江苏体育发展"十二五"规划》,要求形成群众知晓度高、有一定社会影响力、经费保障稳定的地方特色体育文化活动或品牌体育赛事。目前,环太湖国际公路自行车赛、扬州鉴真国际半程马拉松比赛和世界斯诺克无锡精英赛均已成为顶级品牌赛事,此外,还涌现出淮安"韩信杯"国际名人赛、如东国际风筝会、宿迁环骆马湖自行车赛等一批具有地方特色的品牌赛事。地方特色或品牌体育赛事在满足广大人民群众日益增长的体育文化需求、促进经济社会发展、展示城市魅力形象方面正发挥着越来越重要的作用。该项指标目标值确定为:省辖市基本实现"一市一品",县(市、区)实现"一县(市、区)一品"或"一县(市、区)一特"。

9 体育强市强县建设

该项指标主要反映市、县体育工作总体质量水平和体育服务能力。包括达到省定体育强市强县标准的市、县比例1个检测点。

（22）达到省定体育强市强县标准的市、县比例。该项指标主要通过两个方面来检测,一是省辖市达到省定体育强市标准,二是达到省定体育强县标准的县(市、区)比例。该指标选自《江苏体育发展"十二五"规划》,要求90%以上的县(市、区)达到体育强县标准。目标值确定为90%以上。

D 体育贡献度

该维度主要从体育产业与消费、体育公共服务等视角,反映体育现代化对社会生产和生活的贡献程度。包括体育产业与消费、体育公共服务2个二级指标。

10 体育产业与消费

该项指标主要反映体育产业发展规模和居民体育消费水平。包括体育产业增加值占地区生产总值的比重、体育彩票年销售量贡献及进步幅度、人均体育消费占人均可支配收入的比例3个三级检测点。

（23）**体育产业增加值占地区生产总值的比重**。该指标主要反映体育产业对地方经济与社会发展的贡献程度,体现了地方体育经济的发达程度,也反映了一个地区体育领域的市场化程度及人们多元化体育需求的满足程度。该指标选自《江苏体育发展"十二五"规划》和《国家体育总局、江苏省人民政府建设公共体育服务体系示范区合作协议》,上述文件明确要求,到2015年,江苏体育产业增加值占全省地区生产总值的1.2%。2003年江苏省体育产业增加值占GDP比重为0.59%,2011年为0.92%,2012年为0.99%,年增长幅度为0.041%。经测算并征求专家意见,确定该项指标目标值为不低于1.5%。

（24）**体育彩票年销售量贡献及进步幅度**。该项指标反映各地区体育彩票年销售总量在全省的贡献状况及进步幅度,是体现体育彩票竞争能力和地位的重要指标,也从一定程度上反映了各地区人群的体育消费水平。该指标选自《江苏体育发展"十二五"规划》和《江苏省市级体育工作考核标准》。自2006年起,江苏省体育彩票年销售总量连续7年位于全国第一。各省辖市的体育彩票年销售总量已接近饱和,增长幅度逐渐放缓。根据全省各省辖市体育彩票的销售现状,确定该指标的目标值为:体育彩票当年销售总量比上年进步幅度高于全省平均增长幅度。

（25）**人均体育消费占人均可支配收入的比例**。该指标主要反映群众体育消费的程度与水平,也在一定程度上反映了群众的体育消费意识和消费意愿。确定该指标的目标为:各地区将人均体育消费指标纳入地方统计评价考核监测体系,人均体育消费占人均可支配收入的比例不低于3%。

11 体育公共服务

该指标反映政府与社会组织体育公共服务的水平与能力。包括城乡公共体育服务均等化水平差异系数、3A级体育社团占体育社团总数的比例、每万人拥有一线社会体育指导员数量、公共体育设施社会开放率4个三级检测点。

（26）**城乡公共体育服务均等化水平差异系数**。该指标主要反映城乡公共体育服务财政投入、硬件设施和服务的差异程度。包括体育财政投入、人均体育场地面积、平均每个晨晚练健身站(点)社会体育指导员配备数等3项具体指标。分别计算县域内所有乡镇(街道)上述3项指标的差异系数,再进行平均得出综合差异系数。差异系数的计算方法为:某评估指标的标准差除以该评估指标的平均数。综合差异系数越大,说明城乡公共体育服务越不均衡。该项目标值确定为:综合差异系数应小于或等于0.55。

（27）3A 级体育社团占体育社团总数的比例。该指标主要反映体育社团组织的发展程度与服务水平。2010年,全省县级体育社团为1110个,平均每个县(市、区)为10个,首批试点县(市)平均为21个,乡镇各类体育社团为5200个,平均每个乡镇为2.8个,首批试点县(市)为5.6个,其中老年人体育协会乡镇街道覆盖率为100%,城乡社区体育俱乐部总数为6900个,村级体育组织达到30000多个。依据《江苏体育发展"十二五"规划》的要求,县级体育社团总数将达到1600个(其中150个达到3A级以上),平均每个县(市、区)为16个,同时,单项运动协会和人群体育协会将覆盖延伸到街道、乡、镇。据此,将3A级以上体育社团占体育社团总数的比例目标值确定为不低于20%。

（28）每万人拥有一线社会体育指导员数量。该指标反映公共体育服务指导力量与水平。该项指标选自《江苏体育发展"十二五"规划》,要求每万人拥有社会体育指导员数量为20人,然而江苏体育发展"十二五"规划中期评估报告显示,实际在一线从事社会体育指导的不足50%。根据2010年统计数据,江苏省每万人拥有社会体育指导员数量为14人,首批试点市、县(市、区)达到27人,同时调查显示,目前全省一线社会体育指导员人数约占持有等级证书人数的一半。据此测算,并依据《江苏体育发展"十二五"规划》的要求,结合专家意见,确定该指标的目标值为不低于13人。

（29）公共体育设施社会开放率(含学校体育设施开放率)。该指标主要反映公共体育设施面向社会公众的开放程度。公共体育场馆设施开放是指对社会公众低偿或免费开放并对学生、老年人和残疾人优惠或免费开放,在全民健身日对公众免费开放。目前,学校体育场馆有条件开放,并已经免费或有偿向学生和社会开放的学校数量占当地有条件向学生和社会开放学校总数的19%。按照《公共文化体育设施条例》规定和《江苏省全民健身实施计划》的要求,结合江苏省体育现代化试点县(市)的实地考察,该项指标目标值确定为100%,其中学校体育设施开放率为50%以上。

E 体育满意度

该维度主要从群众是否满意的角度,反映广大人民群众对体育现代化建设的认可程度。主要通过群众满意度1个二级指标来体现。

12 群众满意度

该指标反映广大人民群众对体育场地设施配置以及体育部门管理和公共服务的满意程度。包括群众对体育场地设施配置的满意度和社会对体育管理与公共服务的认可度 2 项检测点。

（30）**群众对体育场地设施配置的满意度。**该项指标反映群众对公共体育场地设施建设与布局的认可程度。该项指标目标值确定为 80%。

（31）**社会对体育管理与公共服务的认可度。**体育现代化的目的是服务人，群众对体育现代化发展水平的感受最直接，因此人民群众的满意度是一个重要衡量指标。通过问卷调查或电话调查的方式，来确定群众对基本实现体育现代化的满意度。要使绝大多数人认为体育现代化发展已经达到与经济社会现代化同步的水平，让人民群众切实感受到体育发展带给人们现代化生活方式的转变。该项指标目标值确定在 70% 以上。

农村体育现代化监测方法与实现程度测算：

对农村体育基本现代化实现程度，采用综合加权评分的监测方法，即通过对单项指标检测点设置权重，计算综合得分来观察分析基本现代化进程状况。

计算公式：

单项指标得分 = 标准化值 * 权重

大类得分 = 各单项指标得分之和

综合得分 = 各大类得分之和

评价方法：

具体考核评价时首先由各地区根据自身情况进行自我评价，并报上级体育局。然后由上级体育局抽调相关体育专家和统计人员组成调查组，经培训后赴各地区乡镇进行现场调查与统计，部分数据可参阅各地统计年鉴。所有数据经市县体育局筛选汇总后进行综合评判。采用设置权重的办法对各地区农村体育现代化实现程度进行综合评分，综合得分达到 90 分以上、单项指标实现 80% 以上、群众满意度达到 70% 以上，即基本实现体育现代化。

（三）新型城镇化背景下农村体育分层发展的战略步骤

1. 农村体育分层次分地域分阶段发展的宏观设计

根据我国不同地区农村现实条件以及农村体育发展不平衡的现状，在新型城镇化建设背景下，农村体育应该实施分层次、分地域、分阶段非均衡发展的战略步骤。以科学发展观为指导，以满足村镇人民群众不断增长的体育需求为宗旨，以实现村镇居民生活幸福、乡风文明、生产发展、村容整洁为目标，以转变农村体育发展方式为主线，以建立与完善符合地方特色、可持续的农村公共体育服务体系为重点,为建设体育强国及构建社会主义和谐社会做出积极贡献。

可以大胆预测,农村新型城镇化是农村体育发展的新一轮历史机遇。通过新型城镇化建设带动农村体育发展,使农村乡镇居民实现生活幸福、乡风文明、生产发展、村容整洁。"生活幸福"是新型城镇化建设的核心指向,也是农村体育发展的最终目标,反映农民收入逐年提高,生存条件不断改善,生活水平和体育文化生活质量显著提升,农村居民能够公平共享新型城镇化建设以及新农村社区建设的成果。这是村镇居民生活幸福的重要体现。

"乡风文明"是农村体育精神文明建设的重要内容与标志,主要包括体育文化、生活习惯、健康行为、体育法制等各个方面。"乡风文明"要求农民崇尚体育文明、崇尚体育科学、体育社会道德与行为,保持健康、积极、向上的心态,努力成为农村体育文化、体育卫生等各方面发展的主角。由于农村体育文化建设存在区域不平衡状态,农民对体育认知水平偏低,另外亿万名农民健身工程虽然取得了成效,但从覆盖面及深层次要求上分析,农村体育文化建设与经济发展不相称、不协调,农民的体育文化生活单调。因此农村体育在乡风文明建设中的作用依然任重道远。

农村新型城镇化建设必然依托农村产业化进程,"生产发展"是农业现代化的重要标志。在优先发展粮食生产能力基础上,要提高农民的体育科技文化素质和体育服务致富能力,为生产发展服务,也为体育产业增收提供机遇。发展农村体育市场化经营,提升农民的体育产业观念。大力实施以农村实用体育服务技术、体育职业技能的培训,转变农民收入增长方式,构建农村公共体育服务体系、体育服务产品开发与营销体系等,使农民在体育服务业增值中获得收益。这也是"生产发展"目标中的应有之义。

"村容整洁"是农村体育生态发展的重要方面,反映不同地区要为村镇居民提供更好的体育活动生态条件。一是村镇街道要保持绿树成荫、青山绿水,成为天然氧吧,可以让村民散步、慢跑,开展各种锻炼。二是要建设并完善全民健身路径和健身步道,保持环境清新宽敞,器械安全实用,便于村民锻炼。三是利用村镇自然体育环境,开展越野、野营、野游、漂流、登山、攀爬、钓鱼、划船、游泳、日光浴、空气浴、水浴等活动项目,并通过设立环保箱、运动宣传牌等,形成村镇体育文化氛围,营造绿色、生态、轻松、愉悦的运动与休闲环境。

2. 农村体育分层次发展的战略构想

进一步夯实农村体育发展的社会基础,加快完善农村公共体育服务体系,提高农村公共体育服务水平,切实提高农民的身体素质和健康水平,促进我国农村群众体育发展迈上新台阶。构建"县城——重点/特色镇——中心村"层级清晰的城镇体育服务体系,打破低水平均衡的空间格局。提高县城与中心村镇空间发展集约度与辐射能力;建立以重点镇为中心的区域公共体育服务体系,强化重点镇与上下级地域空间联系度;通过基础设施及公共服务设施的配套建设提升重点镇体育服务能力和吸引力,带动体育服务产业发展。实现"县域重点城镇集聚、中心村镇社区有机分散"的城镇化体育空间组织模式。

3. 农村体育分层次发展的战略步骤

第一阶段(2014—2020年),发达村镇实现体育现代化。
第二阶段(2021—2030年),中等发达村镇基本实现体育现代化。
第三阶段(2031—2049年),欠发达村镇基本实现体育现代化。

第一步是从现在起到2020年,顺应新型城镇化发展步伐,到建党100周年前夕,东部发达地区农村乡镇率先实现体育现代化;第二步是从2021年到2030年,利用十年时间,中等发达地区农村乡镇基本实现农村体育现代化;第三步是从2031年到2049年,利用两个十年的时间,到建国100周年时,努力改变落后地区农村乡镇体育面貌,在全国范围内实现农村体育基本现代化。

三、新型城镇化背景下农村体育发展战略

(一)新型城镇化背景下农村体育发展基本战略

1. 加大农村体育宣传力度

村镇居民的体育参与意识以及体育习惯养成是发展农村体育的内在动力,因此加强对亿万名农民的体育宣传是农村体育工作的重要任务。对于农民群体与个体来说,接受体育教育的程度直接影响其参与体育的程度。应充分发挥舆论导向作用,进一步提升农村体育形象的宣传与推广,完善体育宣传的工作体制和机制,加强全民健身、体育休闲、体育产业以及体育法规、政策和条例的宣传,为农村乡镇体育改革发展营造良好的舆论氛围和社会环境。努力转变农民传统的体育观念,从关注个体身体健康、提高生活幸福指数的视角,通过深入的体育宣传,促使农民对体育

的价值认知转向参与体育的运动实践。第一,县(市区)体育职能部门牵头组织讲师团,聘请体育科研机构人员、医务系统专家、体育院校教师组成讲师团,深入农村家庭与村组开展体育与健康、健康与生存、体育与生活方式、健身方法指导等体育与健康系列讲座。第二,利用农村集市时机,开展农村体育宣传,形式宣传板块、宣传材料、体育咨询、体质测试、体育文艺等。第三,利用村镇广播站、村镇会议、村镇传统活动宣传体育与健康知识以及科学健身知识。第四,利用现代媒体如手机、电视、计算机等,开发体育宣传软件与信息,让更多人关注自我健康、家庭健康与社会健康。农村体育意识进入居民头脑,就会产生内在的个体推动力。而农村体育发展的关键就在于亿万名农民群体参与率的提高,在于个体健康水平增强。这其中农村体育宣传与教育环节必不可少。

2. 推动农村体育依法治理

农村体育的发展离不开政策法制的作用。在《中华人民共和国体育法》的主导下,要全面提高农村体育法治工作的重要地位,高度重视农村体育法制建设,推动农村体育依法治理。第一,正确理解农村体育法制建设的功能。县、镇、村干部要树立体育法制意识,贯彻落实国家与地方的体育法制文件与法制政策,向农民宣传农村体育依法治理的重要性。第二,建立体育依法治理制度。体育行政部门、镇村主管干部要明确职责,全面贯彻国家和地方各级人民政府关于体育事业发展的各项制度与措施,建立有利于农村体育发展的优惠政策与管理制度。第三,严格履行农村体育执法程序。各级体育行政部门依据自身的行政执法资格,积极建立和完善与其他行政执法部门对等的一系列执法与检查监督制度。针对农村体育的特点与规律,开展多形式、多内容、多层次的体育执法检查服务。文明执法,依法行政,公开透明,保障农村群众的合法体育权利。第四,政府体育行政部门要与体育社会团体、法律服务机构保持沟通与协调配合,为广大村镇居民和农村体育组织提供各种体育法律援助、体育法律代理、体育法律指导、体育法律咨询与服务。

3. 建构农村公共体育服务体系

构建现代农村体育公共服务体系的根本目的是为亿万村镇居民提供健康实效的体育服务,这是新时代农村体育快速发展的重要路径。第一,坚持各级政府的协调引导。通过制定与颁发体育政策强化行业服务管理;进行体育服务资格认证;制定公共服务规范和标准;设立政府引导资金;制定优惠政策,包括政策扶持、拨款资助、减免税收、特殊补助等。并通过财务审计,保证政府资金用于农村公共体育服务网络建设。第二,镇村逐步实施多元化体育服务到时、到位、到人。为不同层次、不同需求的人群提供优惠而便利的体育服务,积极组织适合农村乡镇开展的、多样化的健身活动;自觉接受村民的合理化建议,尊重农民的合法体育权益。第三,建立村镇体育服务网络,学校体育设施和村镇社会体育设施规定时段对农民开放。以农民的健身需求为主导,坚持以村镇居民为本,实施农村体育公共服务均等化与多元化供给机制。第四,开展村镇人群体质健康测试服务。发展农村体育事业,增强农民体质与健康水平是一项重要内容,要用政策引导的方式,通过社会舆论环境,综合协调社会力量,推广居民体质检测服务,发挥体质健康测试对村镇个体、家庭、社会的积极作用。

4.提升农村体育文化品位

中央《关于进一步加强农村文化建设的意见》中指出:加强农村文化建设,是全面建设小康社会的内在要求,对促进农村经济发展和社会进步,实现农村物质文明、政治文明和精神文明协调发展,具有重大意义。农村体育文化建设既是农村居民的生活文化,也是农村文化市场发展的主体部分。必须以社会主义核心价值观为指导,将农村体育文化建设作为和谐农村建设的重要内容。全面推进农村乡镇体育文化建设,引领积极向上的体育价值观和健康人生观,建立科学文明的生活方式,发挥体育在提升村镇居民生活质量过程中的作用。第一,以村镇居民为本,渗透体育文化素养教育。新型城镇化建设中村镇居民的主体地位不会变,其文化素养对新型城镇化建设效果将起着决定性作用。要通过组织居民参与体育文化知识培训、体育文化活动、民间文化活动等,逐步增强个体文明、群体文明、村组文明。第二,协调开展农村体育非物质文化遗产认定。体育非物质文化遗产具有地域性、健身性、资源性、传承性、文化性等特征。蕴含着不同民族的文化形态、文化根基、文化精神。客观上反映各民族的历史文化积淀与文化认同。可以通过项目申报、传承人确认等方式,在农村乡镇普及开展体育非物质文化遗产认定工作。要在保护发展传统体育文化形式中,发展农村体育文化。第三,发展乡村体育文化的生态性。通过乡镇自然地理环境,选择适合乡镇人群的健身项目,集乡镇文化传承、文化体育旅游、农村文化产业为一体,提升农村体育文化档次,形成具有中国特色的农村体育文化价值体系,使农村乡镇居民"望得见山、看得见水、记得住乡愁",从农村体育角度,留住农村乡镇文化根脉。

5.优化农村体育投入机制

优化农村体育投入机制是新农村体育发展的基石。没有基础投入就没有新农村体育发展,就没有新农村体育进步。基础投入对农村体育的深刻变化起着关健性作用。第一,优化农村体育投入机制的认识与观念。各级具有农村体育投入权力的职能机构,要树立关爱农村体育,就是支持农村新型城镇化建设的观念。第二,强化政府农村公共体育服务职能。把农村体育事业经费、体育基本建设资金以及公共体育设施建设纳入本级国民经济和社会发展规划,把体育事业经费列入村镇财政预算,确保村镇体育事业各项投入与社会经济发展同步。第三,创新农村体育投入机制。要把对农村体育的投入与村镇基本设施建设、村镇绿化工作、村镇生活环境保护、村镇文化建设、村镇安居工程等有机结合起来,形成有效的投入体系。第四,以政府投入及优惠政策为引导,积极吸引其他投入方式的"加盟"。有效地运用社会资本、社会融资机构、社会行业集团参与投入,为农村公共体育服务注入经济活力,促进农村公共体育设施的逐步现代化。第五,积极鼓励农村个体以及社会组织参与地方农村体育设施建设。坚持"谁投资谁受益"的基本政策,营造具有体育文化传承与现代服务价值的投资环境。

6. 升级农村体育产业结构

升级农村体育产业结构是农村经济创新发展的重要内容。通过生态化与时尚性的创新和包装,逐步地使农村体育产业的优质产品规范化地进入社会体育市场,成为农村体育公共服务体系中创造效益的体育资源。第一,要通过发展发达村镇体育彩票、体育企业、体育表演、体育产品营销、全民健身户外活动基地、体育旅游公司、体育培训、体育行业职业技能鉴定、体育产业引导资金等路径,发展村镇区域特色的体育产业,增强体育产品和服务的供给能力,规划各类体育产业基地的布局,促进农村体育市场规范发展。第二,要突出农村体育产业的低碳和生态特性。农村产业经济实现转变经济增长方式,优化产业结构,重点在节能减排,保持绿色产业生存与发展空间。而体育产业是实实在在的"低碳"绿色产业,室外健身体育产业依靠大自然的馈增,是无污染、低消耗、绿色环保的低碳产业,是实现农村产业经济发展的"新增点"。第三,大力发展农村地域性体育产业。重点开发山地、草原、冰雪、河湖体育产业。如借助冬奥会的举办,可将冬季娱乐健身的项目改造成满足大众健身需求的产业推广项目。

7. 促进农村体育工程建设

农村体育工程建设是实现农村体育快速发展的有效路径。实施农村体育工程是国家发展农村体育的"名片";也是一种重要的推动农村体育的发展方式。第一,通过实施"雪炭工程""农村全民健身路径工程""农村全民健身活动中心""农村全民健身户外活动基地""农村学校体育场馆向公众开放""健全全民健身组织网络""社会体育指导员队伍建设""农民体质监测""农民科学健身指导""农村健身志愿者服务"等,促进农村体育快速摆脱缓慢发展的状态。第二,把农村体育工程建设同城镇化建设紧紧结合,充分发挥村镇居民的主体参与作用,尽快实现农村人均体育场地面积有大幅度的增长。第三,把农村体育工程建设与创建文明村组、塑造村风村貌、提升农民素养结合起来,着力改善村镇生态环境与人文环境,不断增强农村体育发展的"软实力"。第四,农村体育工程建设坚持集约性、文化性与环保性,通过综合化整治,改变村镇健身条件,美化村容村貌,让农村生活与运动健身环境显著改善。

8. 推动农村体育协调发展

农村体育协调发展是缩小城乡差距、推动村镇居民公平共享体育发展成果的有力杠杆。推动农村体育社会化作用力的大小,取决于杠杆的协调作用。第一,明确村镇政府及体育主管部门的责任,要把地方农村体育工作与城镇体育工作同等看待,作为农村新型城镇化工作的重要目标与内容;要把农村体育工作与提高生产力质量并重,要对农村体育工作有所作为。第二,地方政府应坚持扩大村镇公共体育服务的覆盖面,推进城乡公共体育服务均等化的发展走向。把农村体育建设纳入乡镇建设规划,分步落实,项目支撑,强调实际,要有农民看得见、能参与的体育活动场所或体育自然活动环境。第三,进一步完善村镇体育事业支撑体系,发展财政、金融、税收、土地、能源等方面的政策。充分利用政策的动力,体现体育政策的实效性,通过政策扶持与引导,促进农村体育发展进入"快车道"。发挥各级工会、共青团、妇联、各行业和社会各界支持农村体育的积极性。促进村镇区域体育协调发展。相关部门之间建立平等、合作、互助的协调机制,通过组织、宣讲、咨询、共建、结对、共管等方式,构建参与农村体育建设与协调发展的新机制与新模式。

9. 引导农村体育走向国际

经济全球化背景下,世界各国文化经由互相碰撞、冲突的阶段而逐步流变成相互认同、相互交融的合作、共兴的阶段。在此过程中,我国农村体育走向国际化道路也将成为世界体育文化结构系统中的重要组成部分。中国特色的民族传统体育根基在农村。第一,探索农村体育走向国际化的理论支撑。正确回答中国农村体育走向国际化需要直面各种理论问题。要在肯定中国农村特色体育与文化的核心价值的基础上,运用比较理论与方法,从本质上比较东西方体育文化的内涵与差异,研究与借鉴西方体育发展历史,探索中国农村体育与西方现代体育相互交融的路径。第二,拓展中国农村体育国际化传播的方式。可以采取走出国门,现场展示,与域外人群保持"零距离"的交流状态。通过互联网也是十分便捷的方式,采用视频传播、手机、计算机网络传输等,把中国农村体育最美的画面、形体动作、最美的自然体育,展现在世界窗口。第三,必须确立中国农村体育面向全球化的战略思想。要拓宽农村民族传统体育对外开放的思路,把中国农村体育的精华项目筛选出来,让世界各国人民共享。第四,利用中国农村体育走向国际发展之路,为地方农村外向型经济发展服务。要以中国农村体育丰富而完善的体系,最终为繁荣世界体育文化作贡献。

(二)优化布局,集约高效发展村镇公共体育服务体系

1. 村镇公共体育服务体系的主要内容

(1)农村体育服务政策法规

加强新型城镇化背景下农村体育工作必须全面贯彻国家有关建设公共服务体系的文件精神;以《中华人民共和国体育法》《全民健身条例》等法规文件为指针,以保障亿万名村镇居民的基本体育权益为准绳,以增进村镇居民健康水平为首要目标,履行政府公共体育服务职能与引导作用。政府政策法规是实施农村公共体育服务管理的重要依据。如果没有政府的政策支撑与引导,农村体育服务体系就会失去建设方向,只有按照各级政府颁发的农村体育服务政策进行实践,农村公共体育服务体系才能可持续的、健康的发展。各级公共服务相关政策的实施管理过程,能够有效保障农村体育服务体系的经济与社会效益。

(2)村镇公共体育指导服务

当前,村镇体育服务体系构建的人力基础相对薄弱,村镇居民对体育服务的整体认知水平较低。城乡二元经济、社会文化、人文地理等社会结构长期影响,农村交通、信息闭塞、教育资源、传统文化等各种因素的干扰,在一定程度上影响了村镇人群体育与健康意识的形成。因此,通过社会体育指导员队伍建设工作,开展具有乡镇特色的体育活动,不断加强村镇居民的体育意识培养,组织与指导村镇居民对体育公共服务实践的参与,通过各种媒体的宣传、讲座、运动实践等方式,切实加强农村公共体育指导服务工作,拓宽科学健身指导服务的村镇范围,抓紧建成覆盖省市县区镇村的科学健身指导站网络系统。

（3）村镇居民体质健康测试

开展村镇居民体质健康测试工作是村镇公共体育服务体系的一项主要内容。关心与重视广大村镇居民的体质健康，不仅仅是一项农村体育工作，更是一项农村社会工作与政治工作。通过体质健康测试，能够促进村镇人群正确认知自我健康状态，关爱生命，热爱生活，提高对疾病发生的预防与预测力；知晓科学健身运动，科学健康的生活，是建设新农村并走向城镇化的基础。应逐步建立与完善省、市、县、镇四级国民体质监测网络体系，建立稳定的村镇国民体质监测队伍，定期开展村镇居民的体质监测，定期按市、县、镇发布监测信息，并将其纳入农村新型城镇化建设的考核内容。

（4）村镇居民业余体育竞赛

积极组织开展村镇居民业余体育竞赛是推动农村群众参与体育锻炼活动的重要手段，也是农村公共体育服务的主要内容之一。开展农村体育竞赛应该形式多样，如广场舞竞赛、秧歌竞赛、民俗体育活动竞赛、农村达人秀竞赛、球类项目竞赛、农民运动会、老年人运动会、家庭健身运动会等。通过各类体育竞赛活动，吸引更多的村镇居民参与农村体育活动，可以将"参与人数"纳入评比及奖励制度。积极扶持农村乡镇、村组、企业建立各种体育健身团队，丰富村镇居民体育文化生活。在各种传统文化节日、地方特色庆典活动、长假期间，组织参与人数多、参与对象广、项目简单易行、符合节俭要求、具有鲜明地方特色的体育竞赛活动。

（5）村镇体育信息网络平台

村镇公共体育服务应把推进体育信息化建设作为重点。首先要加强宣传工作，让广大农村群众充分认识农村体育信息化建设对于公共体育服务的重要作用。其次，系统整合地方性体育信息资源，快速拓宽农村体育信息采集传播渠道，要把实施农村体育信息化建设工程列入新型城镇化发展规划与工作方案。再次，搭建农村体育资源信息网络平台，形成信息网络系统，培养信息网络方面的专门人才以及网络维护运行的人员，实现农村公共体育服务信息资源共享。最后，乡镇体育场馆尽快建成公共体育信息服务平台，实现健身信息化进程。

（6）村镇公共体育服务志愿者

当前，在农村公共体育服务人力资源缺乏的现实状况下，通过农村公共体育服务志愿者群体推动村镇公共体育服务，是十分有效的手段。志愿者群体以村镇学校体育教师、学生、村镇体育爱好者以及热心公益事业的群体构成，不论身份、职业，只要具备体育指导技能并愿意到村镇参与公共体育服务的人，都可以通过地方体育部门或自愿者团体，报名参与体育"三下乡"活动、实施农民健身工程活动等。公共体育服务志愿者通过创新科学健身指导服务模式,形成普及科学健身知识、健康信息咨询、运动康复保健、推广体育健身项目等一体化的服务体系。

2. 村镇公共体育服务的实施策略

（1）创新公共体育服务机制

创新公共体育服务机制包括管理模式、投入机制、服务方式、绩效考核等。要强化县市区乡镇政府公共体育服务职能,逐步建立和完善政府引导与统筹、社会协同与支撑、市场运作与控制、居民广泛参与支持的村镇公共体育服务新格局。乡镇村组要发挥政府调节统筹的主渠道作用,引导社会组织及市场主体,对公共体育设施建设,以自愿、民主的方式,积极参与。进一步发挥各级农民体协、单项体育社团的作用,发挥村镇居民自治能力,加强对村镇居民健身服务的指导,鼓励农村企业、社会组织、个体经营者参与农村体育社会服务,实现农村公共体育服务主体与服务方式的多元化。

（2）扩大村镇体育信息服务

现代信息的传输速度愈来愈快,体育信息服务与公共信息服务一样,成为村镇人群日常生活的重要组成部分。随着村镇居民掌握与操作现代信息工具技能的普及与提高,接受全方位的服务信息已快速成为现实。村镇居民对现代农业科技信息、人文地理信息、生活健康信息、体育健身指导信息具有较强的依赖性。农村体育公共服务体系中离不开信息资源的功能,也是提供体育服务的重要环节。当前,农村由于信息平台建设处于初始阶段,体育信息资源服务不足,村镇居民对体育公共信息服务缺乏深入了解,"花钱买体育信息、花钱用体育信息"的观念还没有完全形成。因此,各地相关部门要创造条件搭建计算机与手机体育信息网络平台,为农村公共体育服务平台实现信息现代化服务。

（3）完善绩效考核制度

农村体育公共服务管理层次与水平的提升,与各级政府实施绩效管理相配套,通过建立绩效考核制度,激发体育服务相关部门的潜在能量,提高农村体育公共服务管理过程的实际效益,促进农村体育公共服务覆盖面快速拓展。要通过建立县、镇、村公共体育服务的责任制度,将服务的内容、标准、方式公开,接受群众监督。相关部门、责任岗位和个人都应对农村体育公共服务的各环节实施科学管理,建立高效的农村公共服务体育机制。定期考核农村公共体育服务工作质量是重要的推动力,考核的指标包括服务内容、方法、组织与质量。村镇居民满意程度就是考量的标准,考核的结果与公共体育服务管理绩效挂钩。

（4）加大财政整合力度

根据农村社会经济发展和新型城镇化建设的目标要求,各级政府必须落实农村公共体育服务所需的人力、物力、财力保障。一方面论证申请上级财政投资,解决农村体育重点工程建设资金;另一方面地方财政按项配套或独立财政资助,逐步形成省市县区镇分级投资农村体育服务设施建设的机制,保证薄弱地区体育基础设施长期稳定的投资来源。按照基本公共服务均等化的要求,投入资金逐年增长。地方各级政府要重点支持农村乡镇公共体育服务重大项目,通过调整财政分配结构、县管乡用、专款专用、吸纳社会投资等路径,有效地加大农村公共体育服务财政整合力度。

（5）拓宽村镇居民体育消费渠道

随着社会主义新农村以及新型城镇化建设的进程,村镇居民的生活消费能力逐步增强,初步为村镇小康富裕发展之路架构了宽广的平台。目前,我国绝大部分村镇居民的经济收入与生活质量有了稳步提升。因此,农村人群在农忙之余有了娱乐休闲的空间,对体育文化消费的需求也逐步提升。农村新型城镇化促进农村经济的发展,从根本上为村镇居民参与体育活动和健身锻炼奠定物质条件,也为农村公共体育服务设施建设奠定基础条件,促使农民有体育消费的需求,追求精神文化生活的需求。可以通过开设培训班、健身俱乐部、健身苑活动与竞赛等,推广健身医保卡通用制度,引导居民花钱买健康,主动进行体育消费。

（6）增强村镇体育社会组织活力

各级政府主管部门要积极支持地方村镇完善农村体育社会组织,在现有市县级体育社会团体的协调下,成立村镇分支体育社会团体并指导开展活动,增强体育社会组织活力。发挥各级农民体育协会的领军与辐射作用,协同各级政府开展农村公共体育服务体系建设工作。第一,健全省、市、县、乡、村五级体育社会组织网络,促进地方尤其是镇村体育社会组织的健康发展。第二,地方体育社会团体规划要与地方公共服务发展规划保持一致性。第三,地方体育社会团体参与本地区村镇体育资源的开发与利用。第四,支持体育社会组织积极参与村镇公共体育服务,从根本上增强农村体育社会组织活力。

（7）公共体育服务示范区建设

农村公共体育服务体系建设可以借鉴江苏省的经验,也就是加强公共体育服务示范区建设。总体要求是"便利化服务、制度化安排、长效化推进"。江苏省到2015年已经在苏南（80%）苏中和苏北（60%）的县（市、区)完成公共体育服务示范区创建任务。通过优化镇村全民健身路径协调配置、绿色健身步道建设、乡镇住宅区体育设施配套建设、推广拆装式游泳池、笼式足球场等途径,积极推动农民体育健身工程提档升级,推动各级各类公共体育设施免费或低收费开放,支持学校等事业或企业单位体育设施对社会开放,为农村公共体育服务体系建设积累经验、提供示范。

(三)在新型城镇化进程中传承村镇民族特色体育文化

1.完善村镇民族特色体育文化体系

我国不同地区农村新型城镇化进程中,应该保留自身的文化特色,避免大拆大建、破坏传统乡镇的历史遗存和文化风貌,而这离不开地方文化的支撑作用。村镇民族特色体育文化是地方文化的重要载体,不断地完善我国农村民族特色体育文化体系,对于推进农村新型城镇化建设、延续传统村镇文化个性,让村镇居民望得见山、看得见水、记得住乡愁,让亿万名农民在幸福生活、快乐轻松的文化氛围中,从事民族体育项目锻炼活动,同时受到传统体育文化熏陶、提升个体的文化涵养,具有积极的作用。

2.开发村镇民族特色体育市场

第一,发挥市场经济杠杆的促进作用。首先,在保障生态环境的基础上,适度开发民族体育文化旅游资源。许多少数民族体育活动方式是一种人文景观资源,可以依托区域性旅游产业而发展,在历史古镇风景名胜地域开发民族性的体育旅游表演与活动,已成为旅游消费的一部分。其次,要大力吸引社会资本投资村镇民族体育文化市场,利用有效的市场运作手段,促进民族体育在符合市场经济规律状态下,得到多元化的立体发展。最后,合理引导民族体育文化产业化发展。要把民族体育文化与产业经济发展相结合,建立民族体育文化产业链,夯实民族体育文化市场的经济基础。

第二,开展民族特色体育的市场化培训。有条件的地区可以建立民族体育的培训基地,分层次对民族体育爱好者群体实施分级培训,可分为社会体育指导员系列、民族体育项目教练员、民族体育项目俱乐部健身管理人才,民族体育项目岗位等级证书培训、民族体育运动会的比赛选手培训、民族体育的表演人才培训、民族体育市场营销人员培训、经纪人培训、企业拓展培训、爱好者培训等。参与培训者不论年龄、性别、国别都可参与学习。培训基地面向市场,只要有培训资质,都可以进行商业化运作。

第三,多渠道组织民族传统体育活动,形成市场氛围。要发挥民族传统体育文化的凝聚功能,展现民族体育对广大村镇人群的健身与休闲娱乐作用,组织村镇群众积极参与民族传统体育活动。同时,坚持因地制宜、宏扬传统文化、群众自愿参与的方式,利用村镇重要节庆时段,由乡镇文化站、村委会组织开展具有地域特色的民族体育活动,如地方性的民族体育运动会、单项赛、表演赛、邀请赛、对抗赛等,动员更多的村镇人群参与到民族传统体育活动之中。

第四,民族体育文化资源开发创新。农村少数民族体育文化开发必须体现地方性与本土化,坚持"品牌战略、宣传特色、创新开发、拓展市场"的原则。要从流传深广的传统体育形态中,提炼适合市场开发的项目品牌,从项目品牌开发中挖掘村镇民族体育文化的潜在市场。在少数民族集聚的区域中,既注重各少数民族体育的单项开发,又要注重不同民族体育项目的合并开发,力争形成综合性的开发态势,形成合力,做大做强。要把区域性的民族体育文化资源开发到全国范围,直至走向世界。

3. 村镇民族特色体育走向国际化

第一,建立村镇民族体育文化发展的相关组织。建立这样的组织有利于整合组织资源,向世界推广中国农村民族体育文化。可以由各地方民族事务部门、国际文化组织、国际友人、旅居海外侨胞、国内外体育院校等组成中国村镇民族体育文化国际研究会、中国村镇民族体育文化协会、中国村镇民族体育文化发展国际联盟等,也可以是地方性的民族体育文化组织,如江苏民间体育国际交流协会、广东舞龙国际协会,等等。通过建立全球化的农村民族体育文化组织,形成民族体育文化传播推广的组织网络系统。

第二,积极开展村镇民族体育文化国际性交流活动。可以举办世界民间体育项目展示活动、两国或多国民族体育特色文化对口交流活动、民族文化节和民族体育运动会邀请他国参与、民族体育文化发展研究国际论坛、世界民族体育文化产品博览会、组织世界民族体育文化演出团体巡回演出、世界民族体育文化网上交流平台,等等。推动村镇民族体育文化与国际接轨,坚持民族文化开放、交流和互动,超越民族性和地域性而成为世界文化的重要组成部分。

第三,大力弘扬和树立民族体育文化创新精神。中华民族精神是国家改革、开放、生存和发展的精神支柱。民族意识和民族精神根植于各民族大众,村镇民族体育文化是民族精神的重要载体。可以通过学校教育、社会教育、民族教育、网络教育、媒体教育、活动教育、传统教育、集体教育等方式,培养全体公民的民族体育文化精神,并不断推陈出新,培养自强不息和团结互助的体育人文素养,为我国民族体育文化实践走向世界奠定基础。

（四）以农村新型城镇社区为龙头,带动农村体育整体进步

1. 农村新型城镇社区的集聚效应带动农村体育消费需求

《国家新型城镇化规划（2014—2020）》指出,城镇化是伴随工业化发展,非农产业在城镇集聚、农村人口向城镇集中的自然历史过程,是人类社会发展的客观趋势,是国家现代化的重要标志。根据统计,目前我国常住人口城镇化率为53.7%,户籍人口城镇化率只有36%左右,不仅远低于发达国家80%的平均水平,也低于发展中国家60%的平均水平,还有较大的发展空间。新型城镇化水平的提升,有利于更多农民通过转移就业提高收入,享受更好的公共服务,从而使城镇消费群体不断扩大、消费结构不断升级、消费潜力不断释放,也会带来城镇基础设施、公共服务设施等方面的巨大投资需求,为农村经济发展提供强劲动力。城镇化作为人类文明进步的产物,既能提高生产活动效率,又能富裕农民,全面提升生活质量。随着城镇经济的繁荣,城镇功能的完善,公共服务水平和生态环境质量的提升,人们的物质生活会更加富足,精神生活也会更加丰富多采。随着城乡二元体制逐步破除,人们将共享现代文明成果。这有利于维护社会公平正义,也有利于促进人的全面发展和社会的和谐进步。根据国家新型城镇化规划,预计到2020年,我国常住人口城镇化率达到60%左右,户籍人口城镇化率达到45%左右,约有1亿人农业转移人口在城镇落户。农村人口的城镇化,减轻了农村土地的压力,有利于集约节约利用土地,为发展现代农业腾出了宝贵空间,提高了农业集约化、规模化、机械化水平,增加了农民收入;另外,城镇化将逐步改变农民原有的价值观和生活方式,城镇基本公共服务实现常住人口全覆盖,基础设施和公共服务设施更加完善,这将大大促进村镇居民体育活动的开展。

因此,要深刻认识新型城镇化发展在带动农村体育整体进步中的重要意义,一方面在制定农村体育发展规划与政策时,充分考虑这一重大的发展趋势和进程,另一方面,农村体育工作也要在农村向城镇化发展进程中,发挥生动活泼的特点,成为促进人的城镇化并加快新型城镇化发展的积极因素之一。

2. 强化乡镇体育对周边村落的组织与活动中心作用

根据统计,我国现有乡镇级建制单位 41636 个,建制镇数量 20113 个[①]。县城或中心镇,是县域范围内农村生活的重要集散地,对当地农村闲暇生活具有很强的辐射作用。在新型城镇化建设中,要充分发挥县城或中心镇在农村体育发展中的引领作用,将农村体育组织工作放到突出地位。乡镇管辖着一定数量的村落,具有领导协调职能,因此乡镇体育组织要强化和延伸工作范围,不仅抓好社区街道体育工作,而且要覆盖周边地区,建立健全农村体育健身组织网络。

乡镇应利用其体育基础设施和管理系统,成为带动周边村落社区的体育活动中心,定期举办辖区所有村镇参加的体育比赛,还应结合当地民族传统,开展村镇居民喜闻乐见的传统体育竞赛或表演。乡镇体育设施和场地应当创造条件向周边居民开放,使乡镇体育资源为全乡镇居民所用,成为全乡镇的体育组织中心和活动中心。

3. 挖掘乡镇体育对周边村落的培训中心作用

农村体育社会组织团体、社会体育指导员数量较少,宣传组织与科学指导能力不足是当前农村体育面临的问题之一。与传统村落相比,县城或县域范围内的中心镇信息灵敏,资源相对集中,具有一定的人才优势和技术指导优势,接受新知识和新技能的速度较快,体育健身新项目以及新技能更新速度快。因此,利用县城或中心镇开展体育技能培训和教育就显得更加重要。乡镇要担当起体育知识技能培训教育的责任,通过乡镇辅导站、举办培训班等形式,对农村社会体育指导员进行轮训和技能提高,再由体育指导员进行下一级的体育技术推广。社会体育指导员制度是我国开展基层群众体育的有效体制保障,要充分发挥这一制度的优越性,通过培养农村乡镇基层体育指导员,并适时授予相应技能与指导员级别,将其纳入农村体育组织管理系统之内,从而调动他们的积极性,为农村体育发展发挥骨干作用。

(五)运用多元评价手段引导新型城镇化背景下农村体育发展

农村体育评价对推动新型城镇化背景下农村体育改革与发展具有十分重要的战略意义。要在明确农村体育评价原则与内容的基础上,研究制定农村体育评价指标体系与实施的具体措施。

① 赵达.建设美丽乡村,留神几个误区[N].光明日报,2014-04-15(5).

1. 农村体育评价的原则

（1）人本化原则。所谓人本化原则是指农村体育评价应充分考察村镇人群从事体育活动的现状，以村镇居民为本，为村镇居民的健康生活服务。要从村镇居民从事体育活动的评价中发现农村体育发展水平与质量。农村体育评价与主体的"人"密不可分，要从人的角度去评价、分析村镇体育发展的状况。通过考察村镇人群从事体育的现状，就会发现村镇体育发展存在的不足，并依据评价标准，制定符合当地村镇体育发展的方法与措施，从而促进农村体育的发展与进步。

（2）综合性原则。所谓综合性原则是指对农村体育发展的评价要从系统性、整体性的角度出发，运用多元化的评价手段，全面客观评判农村体育发展。农村体育分为多个子系统，各个子系统评价的结果可以综合反映村镇体育发展的质量和水平。必须从农村体育各个方面去收集材料，才能发现农村体育发展存在的问题，才能更全面地对农村体育进行评判，才能找到适合农村体育发展的方法与措施。在遵循综合性原则下对农村体育进行评价，得到的结果才更为客观全面，才会有利于促进农村体育的整体发展。

（3）特色性原则。所谓特色性原则是指农村体育评价要依据被评价对象所具有的特点和环境，并能反映该村镇体育所具有的特色和创新。长期以来我国对社会体育评价指标体系的构建，总体上都是从体育社会发展的规律出发，选择具有普遍性要求的指标作为评价内容，而且把对地方体育评价重点放在资金投入、物质条件上。这种评价体系虽然对于农村体育的发展起到了宏观调节和指导的作用，但是不利于村镇体育个性化发展的需要。因此，对农村体育发展评价应关注特色性和创造性，兼顾村镇所处的地域性、文化性、非物质文化遗产等因素，形成具有地方特色的农村体育发展模式。

2. 农村体育评价的内容

农村体育作为我国体育事业发展的重要组成部分，关系到村镇人民群众健康与幸福生活，是提升综合国力和促进社会文明进步的重要标志，是精神文明建设和全面建成小康社会的重要内容。本研究依据我国东中西部不同地区农村乡镇体育现状，从体育人力资源、财力资源、物力资源、信息资源、组织管理资源等五个方面进行农村体育评价，供各地区结合自身条件选择参考。

（1）村镇体育人力资源。人的城镇化是新型城镇化的核心。新型城镇化背景下农村体育发展服务于人的发展,人既是农村体育的服务对象,也是农村体育的主体,因此在评价村镇体育发展过程中,要将村镇体育人力资源的评价放在第一位置。体育人力资源是村镇体育发展的内在发展力,决定村镇社会体育发展的范围与收益。村镇体育人力资源的总分值为 20 分,其中经常参加体育活动的人群数量占 8 分;街道、乡镇机构体育工作管理人员数量占 4 分;体育社团从业人员数量占 4 分;社会体育指导员数量占 4 分。根据以人为本的原则,利用好村镇体育人力资源的优势,同时解决存在的问题。村镇居民健康水平提高,人力资本投资增多,生产力水平提高,村镇经济才能进一步提高。所以,体育人力资源的发展是村镇社会体育发展不可或缺的资源之一。

(2)村镇体育财力资源。将村镇体育财力资源作为评价村镇社会体育发展的重要内容之一,是因为村镇体育财力资源在社会体育中具有基础性作用。村镇体育财力资源总分值是 25 分,其中村镇体育活动经费支出占 6 分;村镇体育基础建设经费支出占 6 分;吸纳市场与社会投资占 6 分;居民家庭体育经费支出占 4 分;体育社团经费支出占 3 分。这些经费的支出,为村镇居民进行体育活动创造了良好条件。目前居民家庭、健身人员、体育社团等的经费支出不高,社会体育财力资源的多元化投资渠道并不畅通,随着新型城镇化的进程这些问题将会有所改善,村镇政府应鼓励企业社会对村镇体育消费服务进行投资,吸引更多人参与,为村镇体育服务带来生机,促进小城镇经济的发展。

(3)村镇体育物力资源。依据对东中西部地区农村体育的现状调查,本研究将村镇体育物力资源总分值设为 20 分,其中体育场地数量占 5 分;人均体育场地面积占 6 分;体育场地种类占 3 分;村镇公益体育场地的数量占 3 分;学校体育场地开放率占 3 分。村镇体育场地的数量及人均面积在农村乡镇社会体育物力资源中所占的分值很大,为居民开展体育活动提供了方便的场所;体育场地种类多样,有利于吸引不同兴趣爱好的人群参与体育活动;学校体育场地是农村乡镇体育物力资源的重要组成部分,政府应该给予政策与资金扶持,鼓励村镇学校体育场地对周边居民开放,使村镇社会体育物力资源得到充分的利用。

(4)村镇体育信息资源。随着新型城镇化进程,体育信息资源在农村体育发展中的作用越来越重要。在农村体育评价体系中,体育信息资源的总分值是 15 分,其中体育文化交流占 4 分;村镇体育科普宣传活动占 4 分;政府体育信息网络建设占 4 分;制度资源建设占 3 分,包括村镇体育制度是否健全、体育工作是否纳入村镇工作总体规划及社会发展公报等。从整体上看,村镇社会体育信息资源建设相对滞后,还需要进一步的发展。信息资源在村镇社会体育发展过程中起到很重要的作用,能带来各个村镇体育文化之间的相互交流,促进各个村镇社会体育的发展,同时也能激发居民对体育活动的热情,让村镇居民充分了解体育与健康信息。所以对农村体育进行评价,体育信息资源是重要的依据之一。

（5）村镇体育组织管理资源。在农村体育发展评价体系中,体育组织管理资源是一个重点,涵盖体育社会组织建设及体育活动开展等多方面。村镇社会体育组织管理资源总分值为 20 分,其中体育社团的数量占3 分;体育健身俱乐部数量占 3 分;体育活动晨晚练点数量占 5 分;县(区)群众体育活动占 5 分;体育俱乐部组织的活动占 4 分。对综合性体育社团以及健身俱乐部要从其规章制度、人员配备、场地设施、活动开展等方面加以评判。村镇社会体育组织管理资源会影响社会体育活动的组织与开展,所以要重视对其进行发展。村镇社会体育组织管理资源是社会体育评价的重要依据之一,对于村镇社会体育组织管理资源存在的优势,要保持或者进一步地发展,对于存在的问题,应该立足于村镇自身条件及社会体育发展的特点妥善解决。

表 5-2　新型城镇化背景下农村体育评价参考内容(供各地区选用)

一级指标	二级指标		评价				合计
	内容	分值	优	良	中	差	
体育人力资源 20	1. 经常参加体育活动的群体【人数】	8					
	2. 村镇体育工作管理人员【人数】	4					
	3. 体育社团从业人员【人数】	4					
	4 社会体育指导员数量【人数】	4					
体育财力资源 25	1. 村镇体育活动经费支出【万元】	6					
	2. 体育基础建设经费支出【万元】	6					
	3. 吸纳市场与社会投资【万元】	6					
	4. 居民家庭体育消费支出【千元】	4					
	5. 体育社团的经费支出【万元】	3					
体育物力资源 20	1. 体育场地数量【个】	5					
	2. 体育场地面积【人均平方米】	6					
	3. 体育场地种类【种】	3					
	4. 村镇公益体育场地【面积】	3					
	5. 学校体育场地开放【率】	3					
体育信息资源 15	1. 体育文化交流活动【次】	4					
	2. 村镇体育科普宣传活动【次】	4					
	3. 政府体育信息网络建设【率】	4					
	4. 制度资源建设【件】	3					

续表

一级指标	二级指标		评价				合计
	内容	分值	优	良	中	差	
体育组织管理资源 20	1. 体育社团的数量【个】	3					
	2. 体育健身俱乐部数量【个】	3					
	3. 体育活动晨晚练点数量【个】	5					
	4. 县(区)群众体育活动【次】	5					
	5. 体育俱乐部组织活动【次】	4					

3. 农村体育发展评价的方式

（1）自我评价。所谓农村体育发展的自我评价是指结合某一个村镇实际情况制定一个评价指标体系,通过对农村体育评价体系的理解和实践,参照评价指标体系的要求,依据自我设定的评价标准对村镇体育实践进行评价。通过自我评价发现在开展村镇社会体育的过程中存在的问题,根据存在问题找出相关的影响因素,以及解决存在问题的措施和具体的手段。通过自我评价进一步促进村镇各项社会体育工作的全面开展。自我评价可以通过组织学习上级部门关于农村体育评价的宏观指标体系,明确本地区特点并制定内容。在上级评价之前组织两次到三次的自我评价,能够准确地定位本地区在上级评价体系中所处的水平。

（2）上级评价。所谓上级评价是指村镇体育机构的上一级部门或者组织对所辖村镇社会体育发展所进行的评价。上级评价的作用是了解村镇社会体育发展的现状,总结多个村镇在农村体育发展改革中的先进经验,以及少数村镇社会体育发展滞后所存在的问题。通过上级评价来指导村镇社会体育发展,因为评价以后,必然要对评价的过程做出反映,进行总结或者是通报。通过这样的手段,使上一级部门可以通过强化管理与服务职责来指导村镇社会体育发展与进步。而对于下级村镇来讲,通过上级评价给予的确切判断,能够找准自己的位置,明确今后本地区农村体育的努力方向。所采取的积极态度是尊重上级评价,积极地响应上级评价,并制定出适切措施达到以评促建的目的。

（3）验收评价。村镇社会体育发展是一项系统工程,在县级政府领导的范围内开展各项体育工作。上级职能部门为全面了解和加强村镇社会体育各项工作,会制定出各种评价的标准,并且要求所辖村镇部门在规定的时间之内落实各项工作,达到各项工作指标。为了检查村镇体育工作的成效,上级政府会拟定验收评价的具体标准和内容,村镇职能机构就要根据评价标准内容采取措施,抓好村镇社会体育的各项工作,迎接验收评价。在验收评价的过程当中,根据评价的内容和标准,发现好的经验和存在的问题,并通过验收评价进一步促进村镇体育工作的全面开展。验收评价可以由上级部门组织,也可以委托第三方机构开展。

(4)相邻评价。所谓相邻评价是指相邻之间的村镇政府通过相互对社会体育发展情况进行的评价。对于两地之间社会体育发展的长处进行学习,不足之处相互借鉴,达到相互促进、共同进步的目的。相邻评价可以采取文献资料交换、活动视频互展、特色体育相互交流等形式,也可以通过组建专家交流评价小组,对各自社会体育发展工作进行评价,然后相互提出改进意见,实现优势互补,取长补短,多方共赢。所以说相邻评价是促进自我评价质量提高的一个重要途径,通过相互评价可以把本地区的特色体育扩展推广,也可以借鉴学习其他村镇体育经验与长处,形成自己的特色。总之,相邻评价有利于不同村镇体育学习交流,增进相邻村镇的友谊,构建和谐社会,促进农村体育共同繁荣。

参考文献

[1][德] 马克思,恩格斯 . 马克思恩格斯全集(25 卷)[M]. 中共中央马克思恩格斯列宁斯大林著作编译局 . 北京：人民出版社，1974：733.

[2][美] 塞缪尔·P. 亨廷顿 . 变化社会的政治秩序 [M]. 张岱云译 . 上海：上海三联书店，1989：66.

[3] 陆学艺 . "三农"新论：当前中国农业、农村、农民问题研究 [M]. 北京：社会科学文献出版社，2005：71.

[4] 王国敏 . 城乡统筹：从二元结构向一元结构的转换 [J]. 西南民族大学学报(人文社科版)，2004,25（ 9 ）：54–58.

[5] 曾业松 . 推进社会主义新农村建设的必然性 [J]. 中国党政干部论坛，2006,4：33–35.

[6] 胡建渊,赵春玲 . 政府主导型的社会主义新农村建设路径探析 [J]. 社会主义研究，2007,4：74–76.

[7] 胡庆山,王健 . 新农村建设中发展"新农村体育"的必要性、制约因素及对策 [J]. 体育科学，2006,26(10)：21–26.

[8] 胡宝荣,李强 . 城乡结合部与就地城镇化：推进模式和治理机制——基于北京高碑店村的分析 [J]. 人文杂志，2014,（ 10 ）：105–114.

[9] 李强,陈振华,张莹 . 就近城镇化与就地城镇化 [J]. 广东社会科学，2015,（ 1 ）：186–199.

[10] 吴春飞,罗小龙,田冬,等 . 就地城镇化地区的城中村研究——基于福建晋江市、石狮市 8 个典型城中村的实证分析 [J]. 城市发展研究，2014,21（ 6 ）：86–91.

[11] 山东社会科学院省情研究中心课题组 . 就地城镇化的特色实践与深化路径研究——以山东省为例 [J]. 东岳论坛，2014,35（ 8 ）：130–135.

[12] 李克强 . 协调推进城镇化是实现现代化的重大战略选择 [J]. 行政管理改革，2012,（ 11 ）.

[13] 仇保兴 . 新型城镇化：从概念到行动 [J]. 行政管理改革，2012,（ 11 ）.

[14] 徐立武.新型城镇化背景下的农村体育发展问题研究 [J].农业经济,2013,(10):29-30.

[15] 韩秋红.新型城镇化背景下农村体育发展路径与模型构建 [J].湖州师范学院学报,2015,37(1):7-14.

[16] 潘磊.城镇化进程中我国中东部地区农村体育变迁的方式与路径比较——以湖北官桥八组和上海张江镇为例 [J].体育学刊,2014,21(5):48-52.

[17] 吕树庭,裴立新,等.以小城镇为重点的中国农村体育发展研究 [J].体育学刊,2005,12(3):1-4.

[18] 田雨普,王欢,等.和谐社会构建中城乡群众体育统筹发展的战略思考 [J].中国体育科技,2009,45(6):91-96.

[19] 白晋湘.民族传统体育文化学 [M].北京:民族出版社,2004.

[20] 刘志民,虞重干.小城镇体育,大社会问题 [M].北京:人民体育出版社,2005.

[21] 张铁明,谭延敏.小城镇不同社会阶层居民体育行为特征及影响途径 [J].成都体育学院学报,2008,34(2):41-45.

[22] 罗湘林.农村体育的结构类型与发展模式选择 [J].北京体育大学学报,2012,35(3):17-20.

[23] 陈远航.新型城镇化发展对武陵山片区民俗体育文化影响研究 [J].兰州工业学院学报,2015,22(2):101-103.

[24] 陈维亮.新型城镇化过程中体育文化建设的思考 [J].内江科技,2012,(11):30.

[25] 招惠芬,刘永峰,林昭绒.新型城镇化建设中的广场体育文化发展研究 [J].佛山科学技术学院学报,2013,31(3):84-88.

[26] 管勇生,等.新型城镇化体育文化建设的目标与发展研究 [J].湖北体育科技,2014,33(5):377-379.

[27] 周婷婷,刁永辉.新型城镇化战略下生活体育设施建设的思考 [J].广州体育学院学报,2013,33(6):27-30.

[28] 赵世伟.新型城镇化背景下体育用品企业区域网点布局研究 [J].广州体育学院学报,2015,35(1):59-62.

[29] 王勇.区域性体育资源优化配置管理与评价体系的构建 [J].中国管理信息化,2014,17(10):92.

[30] 王利锋,杨勤.江西省"新型城镇化"进程中节约型体育资源可持续发展研究 [J].科技风,2015,(1):249.

[31] 舒宗礼.城镇化进程中的全民健身服务体系建设研究 [J].中国学校体育,2014,1（5）：13-19.

[32] 姚磊.农村体育基本公共服务供需分析 [J].体育文化导刊,2015,（3）：19-22.

[33] 胡庆山,等.迈向体育强国的农村体育公共服务体系建设 [J].上海体育学院学报,2011,35（5）：12-17.

[34] 王伯超,王伟超.新型城镇化发展理念下的佛山体育公共服务体系建设研究 [J].佛山科学技术学院学报,2013,31（4）：84-87.

[35] 夏贵霞.新型城镇化背景下湖南省公共体育服务体系建设研究 [J].体育科技,2013,34（6）：80-83.

[36] 程华平.新型城镇化背景下农民工体育权利的法律保障 [J].体育与科学,2014,35（1）：125-128.

[37] 王峰,等.城镇化进程中新生代农民工体育话语权的思考 [J].体育科学研究,2014,18（3）：40-43.

[38] 安桂花,等.新型城镇化推进中居民生活方式与心理健康的调查研究 [J].社会心理科学,2014,29（4）：73-81.

[39] 王睿,等.新型城镇化影响农民体质了吗？ [J].体育科学,2014,34（10）：15-20.

[40] 郭玲玲.新型城镇化背景下新生代农民工体育消费的矛盾生成与安全促进 [J].体育成人教育学刊,2013,29（2）：13-16.

[41] 喻坚,等.新型城镇化进程中我国休闲体育产业发展的瓶颈与政策建议 [J].改革与战略,2014,30（7）：114-117.

[42] 郑丽梅.新型农村社区体育健身服务的经济学分析 [J].财会研究,2014,（5）：76-77.

[43] 新华社.中共中央关于深化文化体制改革推动社会主义文化大发展大繁荣若干重大问题的决定 [EB/OL].http://news.ifeng.com/mainland/special.

[44] 秦润新.千年古镇铸辉煌,共同富裕奔小康——江苏省锡山市洛社镇调查 [J].科学社会主义,1998,（6）：74-77.

[45] 韩军生,张宁.江苏省社区体育发展评价体系研究 [J].四川体育科学,2012,（1）.

[46] 徐小荷,余银,邓罗平.区域体育竞争力评价体系的构建与实证研究——以两型社会试验区为例 [J].南京体育学院学报(社会科学版),2010,（3）.

[47] 曹彧,董新光.中国区域体育可持续发展理论构想 [J]. 天津体育学院学报,2003,（2）.

[48] 傅钢强,高力翔.江苏省群众体育发展水平的综合评价——基于模糊数学的视角 [J]. 南京体育学院学报（自然科学版）,2011,（3）.

[49] 李强,陈宇琳,刘精明.中国城镇化"推进模式"研究 [J]. 中国社会科学,2012,（7）:82-100.

[50] 邓大才.新型农村城镇化的发展类型与发展趋势 [J]. 中州学刊,2013（2）:25-30.

[51] 蔡继明.中国的城市化:争论与思考 [J]. 河北经贸大学学报,2013,34（5）:10-14.

[52]（印）阿玛蒂亚·森.资源、价值与发展 [M]. 杨茂林,郭婕,译.长春:吉林人民出版社,2008:307.

[53] 李会增,赵晓红,王向东.冀东新农村体育现状及发展模式 [J]. 体育学刊,2007,14（6）:32-34.

[54] 于军,姜玉泽,杨永明.从农村体育发展的影响因素看社会主义新农村建设目标下山东省农村体育发展战略 [J]. 山东体育学院学报,2008,24（12）:22-26.

[55] 周奕君.长三角农村体育发展现状及对策研究 [J]. 体育文化导刊,2008,（5）:13-14.

[56] 孙立平.重建社会——转型社会的秩序再造 [M]. 北京:社会科学文献出版社,2009:270.

[57]（法）A·J·格雷马斯.符号学与社会科学 [M]. 徐伟民译.天津:百花文艺出版社,2009:15.

[58] 陈锡文.推进社会主义新农村建设 [N]. 人民日报,2005-11-04.

[59] 田雨普.农民体育发展战略研究 [M]. 南京:南京师范大学出版社,2009,（4）.

[60] 李守经.农村社会学 [M]. 北京:高等教育出版社,2000,（3）.